中原地产红皮书2010 上海卷

中原集团研究中心　著

上海中原研究咨询部

中国建筑工业出版社

本书以第一手的数据资料及调研资料，全面而系统地介绍了2009年全年和2010年1月～8月上海房地产市场的整体概况，以及政策环境、行业格局、土地市场、住宅市场、写字楼市场、商铺市场等各个细分市场的发展与变化。此外，本书对上海房地产市场在此期间的热点专题进行了着重分析，包括新政下豪宅的市场格局分析、住宅市场的历次促销对比、逆势热销楼盘特点总结、高铁开通对城际置业的影响分析、“大虹桥”规划对各类物业的影响分析、“总部基地”产品特征及发展介绍，并对2010年以及2011年上半年上海房地产市场进行了预测。本书可对房地产专业人员分析研究市场环境、洞悉市场热点起到借鉴作用，对普通大众的投资置业行为也具有较强的指导意义。

编委会

顾　　问　谭百强

主　　编　程　澐

执行编辑　宋会雍　张海清

常务编辑　龚　敏　马　冀　周　琪　王丽华　巫慧颖　吴　依　陈业伟
李婷婷　王敏磊　秦　飞

展望2011：风雨后的楼市更精彩

2009年住宅市场疯狂上扬后的政策转向，在年底“救市”政策的退出中已有端倪，这也让2010年的上海楼市“小阳春”来得有些惴惴不安。在“新国十条”掀起的调控风暴中，有赖于相对完备的市场体系，上海在政策执行上更深入有效，市场反应也更加明显。加上城市细则“难产”、“房产税”出台传闻等热点话题的持续发酵，上海楼市一直处在调控的风口浪尖。

出于对政策风险的敬畏，上海住宅市场2010年“小阳春”行情至4月份才稍见抬头，但随即被调控打断，市场信心及供求流量迅速坠入历史性低谷。1～8月份，上海一手新增商品住宅（剔除动迁配套）供应量及成交量分别为454.42万m^2、399.52万m^2，分别比去年同期下跌33.21%、63.21%。成交量创5年来同期最低值，比2008年同期仍下降30.77%。二手商品住宅在1～8月份成交8.47万套，695.24万m^2，较2009年同期分别下跌52.41%、54.02%，与2008年同期基本持平。与住宅市场的低落相呼应，7月份上海市人民币新增个人住房贷款仅2.7亿元，创出历史新低。在政策消化期，局部市场房价出现波动，外围新兴居住区如川沙、松江、嘉定震荡明显。7月中下旬开始，上海住宅市场发力回暖，增幅显著但流量仍有限，前期震荡板块价格借势回归。开发企业保持谨慎心态，“金九银十”中多奉行平价走量的“和谐”策略，一定程度上使笼罩在买卖双方心头的“二次调控”压力暂时缓解。

“新国十条”的冲击力同样波及土地市场。2010年1～8月上海土地出让公告共推出居住用地规模402.02万m^2（包括部分配套商品房），比同期小幅增长0.63%；成交438.65万m^2，比09年同期大幅增长65.97%。交易量同比大幅攀升，主要是2009年12月份及2010年8月份两波土地供应高潮拉动，并无法掩饰市场信心在新政后的逐步走低。4月份大批量推出的土地遇冷，多块土地预申请被迫终止，并出现崇明流拍案例。从溢价率指标来看，7、8月份已滑落至30%以下，较之前动辄100%以上的月度溢价水平明显收紧。9月份备受关注的“准地王”浦东E18地块最终以3.55万元/m^2的楼板价成交，略低于业内主流预期，也反映出房地产企业对未来市场走势的保守判断。

作为地产投资重要领域的商业办公类物业，在本轮调控中并未因住宅市场调控而迎来明显的需求增加。整个市场走势稳健，其中写字楼部分迎来供应小高潮，而商业则维持供求平衡。2010年1～8月份，上海办公楼市场新增供应156.39万m^2，同比上升60.47%；成交92.22万m^2，同比下降了8.82%。商业部分新增上市141.22万m^2，同比上升12.34%；成交147.16万m^2，同比增长19.21%。高端商办物业情形相对乐观，甲级写字楼租金水平在2010年2月份达到7.38元/m^2·月的阶段性低谷，翻转进入回升通道；同期空置率也在缓慢回落，除了在8月份因新增项目上市偶有提升外，1～8月份整体走势向好。整体来看，住宅市场与商办市场在调控过程中处在两个通道中，相互间资本流转有限。关注于上海“两个中心”建设，长三角高铁网衔接，“后世博”、“大虹桥”等城市新核的崛起，规模资本开始涌动并着手布局，新的地产盛宴正拉开序幕。

根据规划，上海2010年1100公顷的住房供地计划中，带有政府保障性质的“保障性住房”用地为250公顷，占总量22.73%。2008～2012年开工30万套经济适用住房(约2000万m^2)计划中，2009年底已经实现了605万m^2的开工任务，2010年开工目标为600万m^2，三林、罗店、江桥等地的土地出让及建设工作正迅速开展。未来上海楼市结构中，保障性住房将与商品住房、配套性住房并驾齐驱。

2010年调控不仅承载着引导楼市健康发展的重任，也系社会民生之所在。以差别化信贷为主体的调控政策有效剥离了楼市投机，以房价趋稳为标志的阶段性调控成果初步显现。上海楼市在“金九银十”初期延续了7、8月份价格平稳，交易上行的良好势头，给供求双方提供了喘息及反思的机会。

应该看到的是，当前无论调控政策还是调控成果都具有较强的阶段性特征，后续政策走向与市场发展相互间变数很多。8月份国民经济统计结果也显示全国多数城市房屋销售价格继续着上涨的步伐，同时房企与多重购房需求投资热情抬头，交易回暖背后暗藏着房价上扬压力，或逼中央启动“二次调控”。作为“新国十条”城市细则中的缺位者，上海有可能成为后续新政的“试验场”。作为成长中的必修课，更严格的洗礼才能更早迎来健康与璀璨。依托活跃的城市经济与旺盛的消费需求，2011年的上海楼市将再现精彩。

上海中原有幸成长为上海最大的房地产中介机构，要感谢多年来一直陪伴支持的政府部门、开发企业、传媒机构等等，更感激消费者的宽容与偏爱。中原一直对上海这个城市及楼市的发展前景充满强烈信心，我们也一直在努力，审时度势，在风起云涌中积极调整市场策略，逆市里锤炼队伍并迸发出强韧战斗力。经历了2005、2008年的洗礼，上海中原相信，最跌宕的楼市中蕴含着最丰富的成长机遇。

《中原地产红皮书2010》(上海卷)记录了上海楼市在2009～2010年度整体、细分市场的发展演化，也包括楼市热点事件、代表性案例、现象分析以及重点区域的深度介绍等等。在传承以往价值沉淀的基础上进一步丰富研究方向，力求以更为独特的视角来展示和解读上海楼市。此书汇集了以上海中原研究咨询部、市场推广部为主体的全体参与同事的心血，以期与业内同仁共同交流楼市的现状与发展，同时也给市场投资者、普通置业群体等提供更多信息与观点参照。

上海中原董事总经理

2010年9月

目 录

城 市

楼 事

第12章　总部基地　风景这边独好

数　据

第13章　地产数据

公　司

上海中原物业顾问/代理有限公司

插图目录

表格目录

Photo by: Hu wenkit 胡文杰 (www.pdoing.com)

Market

城市

上 海 | SHANGHAI

政策风向转换　楼市乍冷还暖

土地市场暂归理性　群雄逐鹿未止步伐

新政打断小阳春　住宅市场面临深度调整

外部环境好转　写字楼市场缓慢复苏

商业市场供求平衡　前景可期

第1章　政策风向转换　楼市乍冷还暖

上海商品住宅市场自2008年中起受金融危机影响一度成交低迷，2009年初在政策刺激下，积压需求迅速释放并带动新一轮逐涨风潮。在投机需求助力之下，2009年上海商品住宅成交均价大幅上涨43.26%，并于12月份攀升至20220元/m²的历史高位。楼市的过度高亢，最终招致管理层在2010年4月使出新政杀手锏，供求快速坠入谷底，房价也出现较大波动。

在政府出台多项利好救市措施下，2009年1～6月楼市交易量价连续攀升，至6月份成交面积达到年度顶峰；7～8月呈现季节性回调，不过此时房价从年初开始一路攀升已达到该年度第一个高峰。受到房价持续上涨影响及信贷政策紧缩传闻的影响，2009年并未迎来“金九银十”，住宅成交量反而出现环比下降，房价也呈现阶段性回调；受购房优惠政策年底到期的影响，11～12月楼市进入最后冲刺阶段，最终以高调的量价表现收尾。

除了救市政策之外，部分行业受金融危机影响转投房地产相应增加了行业流动性，致使房地产投资投机炒作氛围浓厚，房价全面拉高。过快上涨的房价对银行金融风险带来潜在隐患，同时民生抱怨房价过高而无力购买也不断加剧。虽然2009年底“救市”优惠退出暗示未来政策即将反转，但投机汹涌之下，2010年初上海楼市仍然蓄势小阳春，经过春节的短暂休整房价再度冲高。迫于多方压力及房地产业健康平稳发展的客观需要，管理层被迫断然推出“史上最严厉调控”。

以差别化信贷政策为主线的“新国十条”，对楼市消费的制约作用立竿见影。新政后的5、6月份，一二手市场成交量均跌至2006年以来的月度最低值，同时新增供应也不断萎缩，市场存量迅速增长。投资投机性客群在调控后集体蛰伏，即便在7月及8月份市场交易回升的过程中，其市场比重也仅维持在10%上下，与2009年底相差甚远。

然而，投资需求的大幅缩水并未使房价大幅下调，供求双方心态既保守又敏感。一手住宅市场方面，2010年7月一旦有试探性促销或降价楼盘出现，立刻获得刚需和改善型置业者的追捧，如嘉定“中信泰富又一城”、“恒盛湖畔豪庭”均以低开策略于传统淡季取得佳绩，7月销售套数分别为345套和235套。而交易量初一回暖，开发商即出现促销动力不足，因此新政至今一手楼盘虽促销个数增多，但幅度十分有限，市场均价走势也随之反转。二手市场方面，新政百日来以价换量效果明显，上海5～7月中原领先指数上海二手住宅价格累计跌幅6.3%，而经历5月及6月的低迷后，7月成交量环比大增，增幅达45.67%，且黄浦、浦东、长宁等豪宅板块又重现交易活跃。

然而市场刚刚回暖，为巩固4月新政调控成果，近期各大媒体即现“二次调控”的舆论。虽然上海针对“新国十条”的地方细则至今未出，然而关于房产税试点等诸多传闻已于5月开始在坊间广为流传，加之近期日益趋严的中央高层言论等舆论信号，使得处于调控风口浪尖的上海市场对反弹的渴望与对政策的恐惧交织在一起，形成一幅充满矛盾的楼市场景。在市场双方如此敏感的时期，“金九银十”行情是否能再度上演，与下一步的政策动向密切相关。

可以看到近年来在一些尚未定论的措施及政策发布之前，政府也开始有意利用舆论，散布信息，探测市场反应，调控市场预期。由于近期各地住宅市场成交回升势头初显，且房企降价幅度不明显，2010年8月31日，人民日报再次发表评论文章《房价合理回落是大势所趋》，或将使得史上最严调控进一步升级。上海作为国内楼市调控的标杆城市之一，在城市细则出台上的过分低调，或隐藏着重量级政策试点的使命。事实上，“房产税”在经过较长时间的社会讨论、学术评价之后，其轮廓也愈发清晰起来，同时也极可能成为“二次调控”中的政策主线，正如第一轮调控中的差别化信贷政策。房价事实上的上涨甚至是上涨的潜在动因都有可能成为“二次调控”的触发点。

图1-1　上海市一手住宅（剔除动迁及配套）供求量价走势（2008～2010年8月）

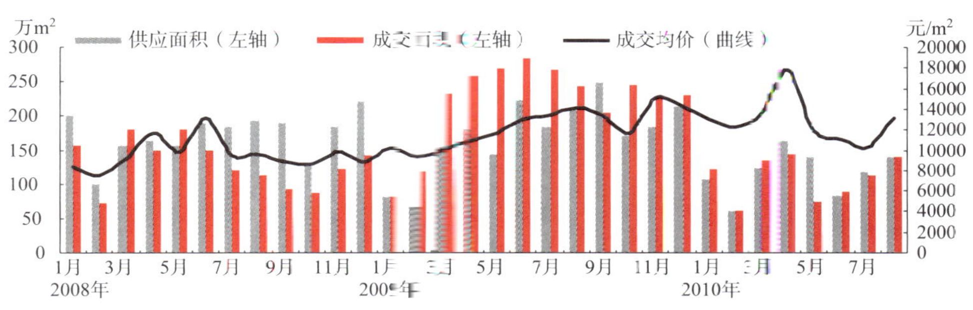

数据来源：上海房地产交易中心，上海中原研究咨询部。

图1-2　上海市二手住宅成交量价走势（2008～2010年8月）

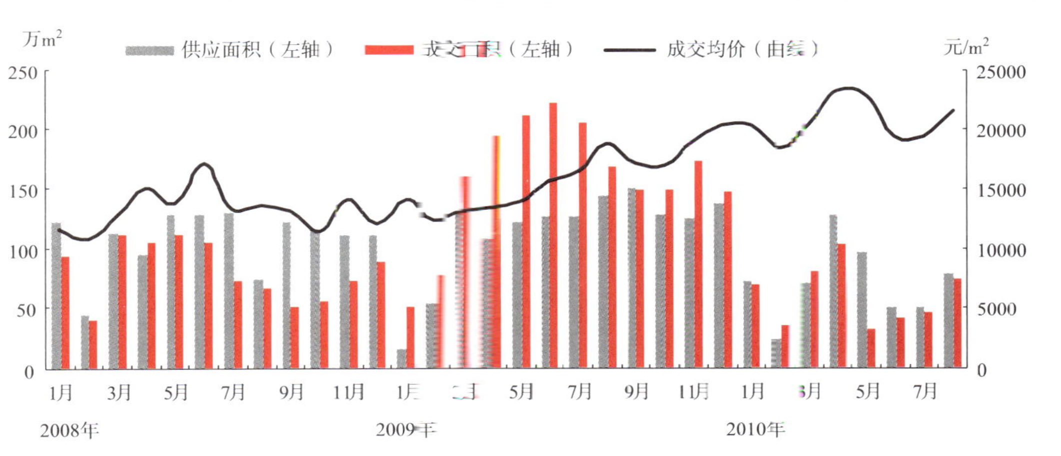

数据来源：上海房地产交易中心，上海中原研究咨询部。

虽然短期内楼市受政策影响而调整，但对上海来说，城市发展热点仍然众多。城际高铁网、“大虹桥”、后世博、新浦东等建设，将为城市地产开发继续提供更高品质的成长平台，与之伴随的是城市功能的放大与辐射能级的提升，进而吸引更具活力与消费能量的潜在客群。在整个城市房地产市场继续保持向上的同时，局部热点更值得关注。

第2章 土地市场暂归理性 群雄逐鹿未止步伐

2009年在政府积极采取救市措施下，全国各地房地产交易量迅速反弹，再次燃起房企拿地热情。放量、地王、高溢价成为2009年土地市场的关键词。2010年新政出台，土地市场也硝烟弥漫，提高首付成数、缩短出让金支付期限、严格处理闲置土地等细则也相继颁布。2010年上半年土地市场延续2009年的火热惯性后，在充足的供应和开发商资金链缩紧的双重压力下，土地市场已逐步开始出现回落迹象，底价成交的现象日渐呈现。

2.1 供应力度加大 结构逐渐调整

2.1.1 土地供应提速 再迎推地高峰

2009年上海房地产市场高度活跃，伴随整体房地产市场复苏，政府加大供地规模，土地市场总体出让有所上升，尤其是居住用地下半年大幅放量。由于上半年住宅成交猛增，库存明显下降，市场开始面临供不应求局面，加快供地步伐迫在眉睫。2009年全年住宅出让114幅，出让面积940公顷，同比上年分别大幅上涨293%和318%，基本完成2009年计划新增住宅用地指标。

根据上海2010年住房供地计划，全年总共将推出居住用地1100公顷，但是上半年仅完成计划的28%。因此，2010年下半年供应任务艰巨，第三季度政府加大推地力度，预公告出让居住用地面积达510公顷。2010年楼市虽然持续低迷数月，但在房企2009年已赚取丰厚利润的情况下，并未出现拿地热情下降的迹象，反而部分资金链宽裕的开发商存在抄底心态，积极储备土地。如保利在嘉定、宝山和闵行共拿下5幅居住用地，合生接连获取广富林和三林两幅居住用地，SOHO则收购外滩204地块并底价拿下临空园区办公用地。预计2010年全年居住供地计划有望按时完成。

图2-1 上海市不同性质土地出让区域分布（2009～2010年1～8月）

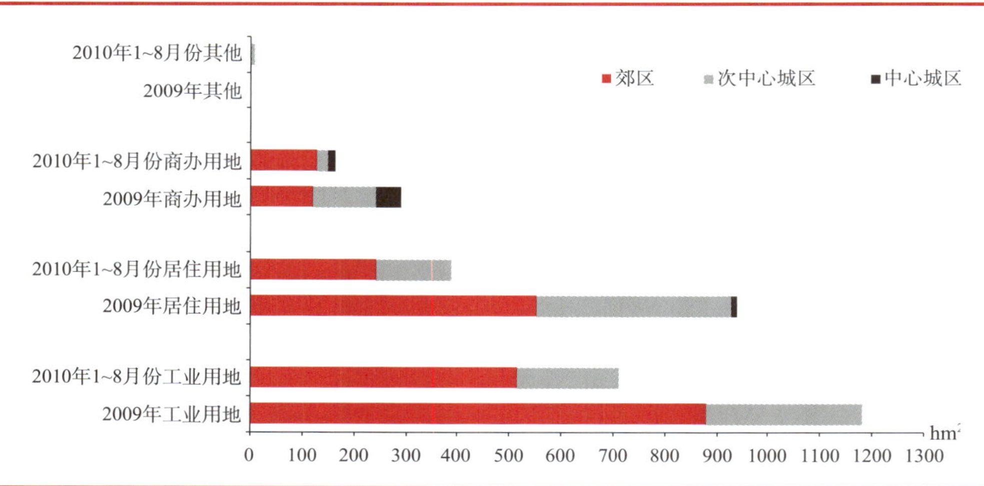

资料来源：上海中原研究咨询部。

2.1.2 郊区供应充足 松江持续放量

目前市中心已难有大规模土地供应，加之上海再次启动大型居住社区规划选址和土地储备前期工作，郊区继续成为上海土地供应的主要区域。2009年和2010年郊区所占土地出让面积比重分别为66%

和62%。细分区域来看，2009年郊区的奉贤和嘉定供应规模超过300万m²，松江、金山和青浦供应也达200万m²以上。次中心区域浦东新区与南汇合并后总体出让将近300万m²。2010年郊区中松江、金山、青浦、奉贤等区域居住用地供应规模较大，2010年1～8月松江供应超过90万m²，其他区域供地量在30～60万m²之间。然而2009年住宅用地供应大户嘉定区，2010年仅公告出让4.9万m²的土地。

2.1.3 供地结构调整 商办占比上升

从2008年下半年开始，在经营性用地供应上，已经呈现向商办用地转移的趋势。2010年商办类土地供应占总供地比重为16%，分别高于2008年、2009年10个和4个百分点。在土地财政的驱使下，各级政府为了保证土地成交，调整经营性用地的供应结构，增加商业、办公用地的比重。且在市场成交低迷状况下，相比住宅用地，商办地块的性价比相对较高，有资金实力的开发商则可借此逢低吸纳。值得注意的是，随着郊区规划的生活配套建设逐步提上议程，商业项目的需求量不断上升，2010年1～8月郊区商办类土地供应比例比2009年提高一个百分点，占据商办供应总量的86%。

上海市土地公告情况（2003～2010年1～8月） 表2-1

	2003年	2004年	2005年	2006年	2007年	2008年	2009年	2010年1～8月
宗 数								
总体	184	81	126	99	461	449	523	311
住宅用地	148	41	3	40	64	29	114	49
商办用地	19	30	79	50	69	38	93	38
工业用地	—	—	—	4	311	378	315	222
面积（万m²）								
总体	1640	501	708	681	2023	1595	2367	1294
住宅用地	1438	273	42	470	591	225	940	387
商办用地	129	148	377	141	225	91	290	164
工业用地	—	—	—	71	1099	1257	1136	736

资料来源：上海中原研究咨询部。

2.2 成交大幅攀升 地价冲高回落

2.2.1 购地热情依旧 心态渐趋理性

2009年楼市成交火热，银行信贷放宽，房地产开发商资金充裕，拿地热情高涨，市场又重回疯狂购地景象。值得注意的是，此轮拿地热情高涨除宏观经济下流动性过剩及市场因素外，还与房企土地储备不足有关。从竞标企业资料中可以看出，多家房企目前在上海的土地储备明显不足，属于无米之炊的状态。而具有良好发展前景的上海依然是他们购地的首选城市，土地供应有限，竞争激烈促使地价水涨船高。

2010年上海土地市场交易量大幅攀升，一方面是由于2009年底推出的地块在2010年初集中成交，另一方面则因为下半年土地市场迎来供应高峰，带动成交继续放量所致。房地产调控新政策出台前期，早已在2009年赚得盆满钵满的开发商们拿地热情依然高涨，土地价格继续高位徘徊。但随着调控风声持续趋紧，楼市成交量急剧下降，房企们拿地心态开始趋于理性，下半年地王、高溢价现象逐步销声匿迹。

图2-2　上海市土地总体出让区域分布（2009～2010年1～8月）

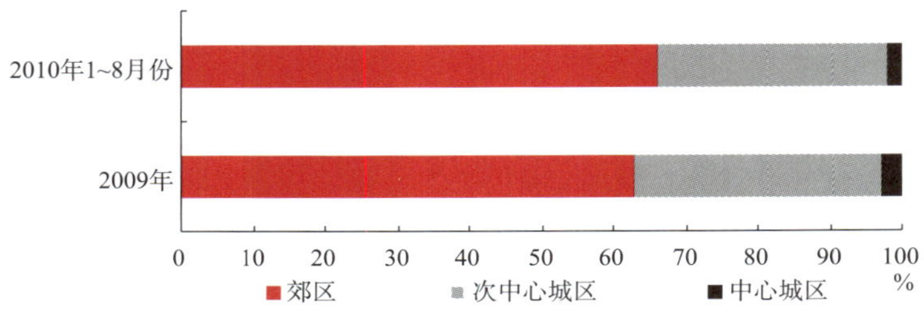

资料来源：上海中原研究咨询部。

上海市土地成交情况（2003～2010年1～8月）　　表2-2

	2003年	2004年	2005年	2006年	2007年	2008年	2009年	2010年1～8月
宗　数								
总体	180	79	112	92	414	345	469	333
住宅用地	140	29	3	38	62	22	88	52
商办用地	16	28	68	46	61	22	82	43
工业用地	—	—	—	4	278	297	299	228
面积（万m^2）								
总体	1620	492	610	656	1468	1222	1956	1484
住宅用地	1327	182	42	448	300	174	684	488
商办用地	111	147	301	125	204	56	250	159
工业用地	—	—	—	71	906	969	1022	837

资料来源：上海中原研究咨询部。

2.2.2 地价先扬后抑　溢价依然较高

2009年伴随楼市回暖，成交量猛增，房企资金链有所缓解，在银根放宽的背景下，市场不断上演面粉比面包贵案例。除不断有楼面地价超过2万/m^2的地块成交外，地块总地价亦再创新高。2009年9月中海以70.06亿元取得长风地块荣登全国地王，同月绿地集团以72.45亿元斩获龙华地块，再次刷新总价地王。尽管历年地王频现，但在居住用地中楼面地价超过2万元/m^2甚至3万元/m^2的案例仍屈指可数，而总价高达70亿元的地块更是凤毛麟角。从这些高价地块中可以频繁看到国企身影，2009年巨额信贷流入国企，而楼市的回暖使得国企资金大量流入房地产，不差钱使得地王辈出。地价不断创新高，虽然从某种程度上折射出房企对上海房地产市场发展的信心，但这只是一厢情愿，后市诸多不确定因素蕴涵的风险依然存在。

2010年1～8月居住用地平均溢价率为76%，上半年仍有4个月平均溢价高于平均线以上。尤其是新政后，5月份成功出让的浦江镇三幅居住用地，超过40家开发商领取出让文件，最终2幅地块溢价均超过170%，1幅为128%。而7月及8月溢价水平开始出现明显的回落，并且多幅地块的成交明显低于市场预期。导致溢价出现回落的主要原因除开发商拿地心态趋于理性外，地块本身附加苛刻的出让条件也是原因之一。由此可见，一方面楼市调控对土地市场影响相对比商品房市场滞后，另一方面由于土地存在区位和个性差异也使得地价不可能像商品房市场出现整体回落。

上海市土地成交面积分布情况（2003～2010年1～8月） 表2-3

年份	2008年			2009年			2010年1-8月		
用地性质	居住	商办	工业	居住	商办	工业	居住	商办	工业
底价成交率（%）	45.5	100	96.63	69.32	67.09	97.3	14.29	61.54	95.98
溢价成交率（%）	54.55	0	3.37	30.68	32.91	2.7	85.71	38.46	4.02

数据来源：上海中原研究咨询部。

2.3 国企央企云集　优质地块受宠

2.3.1 无论顺境逆市　央企表现抢眼

上海作为行业发展相对成熟的城市，拥有数量庞大、结构层次丰富以及极具消费力的潜在客群，自然成为实力央企的必争之地。从近两年央企拿地情况来看，以华润、保利为首，无论拿地规模还是拿地幅数都遥遥领先；而近几年住宅价格的飞速增长，居住用地也成为央企竞相争夺的对象；在区域选择方面央企更倾向选择有详细规划且具发展前景的外围地区，如嘉定，或是城市高端发展潜力的次中心区域，如普陀、新江湾城等，这些区域既有高额回报而风险又相对较小，成为央企投资的重点区域。

央企在上海拿地情况（2009～2010年） 表2-4

中标企业	地块名称	类型	占地面积（万m^2）	建筑面积（万m^2）	中标价（亿元）	楼面地价（元/m^2）	中标日期
上海中铁市北投资发展	闸北区327街坊市北5号	商办	5.18	14.52	6.72	4625	2009-04-29
华润置地（上海）、超智资源	嘉定区南翔镇A07、A08	居住	11.93	16.64	14.20	8534	2009-08-27
华润置地（上海）、超智资源	嘉定区南翔镇A	居住	14.82	29.63	21.02	7093	2009-08-27
中海发展（上海）	普陀区长风6B（B6）、7C	居住	14.21	31.26	70.06	22411	2009-09-10
华润置地（上海）、超智资源	松江区古楼路2号	居住	12.17	12.17	14.00	11504	2009-09-10
上海中冶祥佳投资	宝山区月浦镇塔源路	居住	8.40	8.40	1.68	1995	2009-09-17
上海保利建锦房地产	黄浦江中心段E18单元1-6	商办	3.70	8.88	30.05	33826	2009-09-21
上海保利建锦房地产	嘉定区和政路、嘉戬公路	居住	3.91	5.87	5.26	8967	2009-10-22
上海保利佳房地产	嘉定新城中心区C	居住	6.62	11.91	12.00	10071	2009-11-26
上海保利建锦房地产	浦东临港新城中心区	居住	14.17	14.17	11.98	8455	2009-12-11
中国中建地产	杨浦新江湾城C6	居住	11.45	11.45	37.20	32489	2009-12-23
上海保利佳房地产	嘉定区嘉定新城A	居住	7.34	11.75	13.10	11148	2009-12-25
上海保利佳房地产	嘉定区嘉定新城C-D	居住	15.15	33.14	7.30	2203	2010-01-06
保利置业集团有限公司	宝山淞南镇长江西路	居住	4.31	6.90	6.18	8958	2010-01-20
深圳华侨城房地产	闸北苏州河北岸东块1街坊	综合	3.56	13.3	70.20	52782	2010-02-11
中冶置业武汉有限公司	金山枫泾镇11	居住	10.31	10.31	4.03	3911	2010-02-25
上海招商，上海朗达实业	松江广富林2-4号	居住	13.10	10.48	17.16	16374	2010-02-26
上海保利建锦房地产	闵行浦江镇中心河以南C-1	居住	13.45	14.66	14.26	9729	2010-05-07
上海保利建锦房地产	闵行浦江镇中心河以南A-[illegible]	居住	8.61	12.39	11.83	9544	2010-05-07
华侨城（上海）置地	闸北苏州河北岸41、42街坊	商办	3.54	13.97	17.91	12818	2010-07-23

数据来源：上海中原研究咨询部。

2.3.2 圈地商业地产 剑指虹桥世博

商业地产尽管有投资大、周期长、回笼慢的劣势，但其回报水平的稳定性、持续性在楼市振荡期更得到高度凸现，商业地产也因此成为综合性地产商抵御调控风险的重要缓冲带。地产龙头万科、保利和金地等原本以住宅开发为主的房企也悄然在不同城市布点商业地产，通过增加商业项目比重平衡发展风险成为房企的普遍做法。上海建设国际金融、航运中心的定位一直以来不断吸引房企进军商办领域。近年来，“大虹桥”、后世博和滨江金融带成为综合性地产巨头的角力场，证大、新黄浦、华侨城、SOHO中国等企业纷纷发力，未来的上海将呈现更为繁荣的商业地产平台。

上海市典型房企中标商办地块（2010年） 表2-5

中标企业	地块名称	占地面积（万m^2）	建筑面积（万m^2）	中标价（亿元）	楼面地价（元/m^2）	中标日期
上海证大置业	黄浦外滩国际金融服务中心（8-1）	4.55	27.00	92.20	34148	2010-02-02
上海新黄浦（集团）、上海新世界股份	黄浦区163街坊	1.37	6.58	34.10	51824	2010-02-09
绿城房地产、马鞍山华龙置业	长宁区天山路街道98街坊	2.56	10.24	15.36	14996	2010-02-10
上海中冶祥佳投资	嘉定区槎溪路以东、金通路以北	1.20	3.00	1.24	4133	2010-04-23
华侨城（上海）置地	闸北区苏州河北岸东块41、42街坊	3.54	13.97	17.91	12818	2010-07-23
搜候（上海）投资	长宁临空园区15号	8.62	21.54	15.62	7250	2010-08-13
苏宁置业集团	虹口北苏州路190号	1.11	4.44	14.07	31691	2010-08-20

数据来源：上海中原研究咨询部。

2.4 政策市场双重压力 地价步入调整通道

2009年房价飙涨地王频出，引发中央政府管理层的高度重视。2010年政策重拳出击意在遏制房价过快上涨，其中对土地市场调控的基调一直没有放松过。提高土地首付款及缩短付款期限，土地增值税和对闲置土地的整治等系列政策出台后，开发商拿地热情有所降温。2010年上海土地市场溢价水平较2009年已有明显回落，政府各项土地调控政策初步见效。根据《上海市住房建设规划（2008-2012）》，2008年～2010年期间全市新增住房建设用地供应总量约5000万m^2，截至2010年末完成量不到计划五成，后期土地供应还将继续放量。而经历2010年的调控风暴之后，开发商未来拿地心态有所调整，因此预计平均地价将步入调整通道。但与此同时，未来优质地块仍将面临僧多粥少的局面，而一些非热点地块的成交则将有赖于政府和企业的博弈和磋商。

第3章 新政打断小阳春 住宅市场面临深度调整

2009年住宅疯狂上扬后的政策调整，市场已有预期，但其迅猛之势仍出乎业内预料。最终2010年稍见抬头的“小阳春”行情被4月新政打断，市场信心及供求量都迅速坠入历史谷底，价格也在稍作僵持之后进入调整波动状态。在上海细则迟迟未能出台的背景下，对“新国十条”的严格落实已充分发挥出差别化信贷政策的效力，有效分离了投资与投机需求。经过一个季度有余的政策消化，房价已经从高亢转为平滑，调控的初步成果正在浮现。但7月后半段开始，全市一二手住宅交易出现回暖势头。

跟随刚性需求步伐，投资投机资本也在活跃与沉寂间游走。局部市场的反复，显示出一部分民间资本依然青睐楼市，提醒政策仍应保持紧张。楼市真正回归理性会是一场持久战，三季度管理层的多次表态均传递出这一信号。虽不排除间歇性波动，但多重努力之下，预计价格持稳、交易回升的势头仍有望在第四季度得以延续。

3.1 投资增速趋稳 供需指标全面下滑

据上海中原研究咨询部数据显示，2010年上海住宅市场多数经济指标均显示出逐步下探的趋势。2010年销售面积及竣工面积较2009年大幅回落；商品住宅开发投资总额虽保持高速增长，但增幅逐月收窄，预计2010年后几个月仍将继续这一走势。此外，2010年上海商品住宅新开工面积同比仍应有小幅增长，而施工面积则有望持平（图3-1）。

图3-1 上海市商品住宅年度经济指标（2003～2010年）

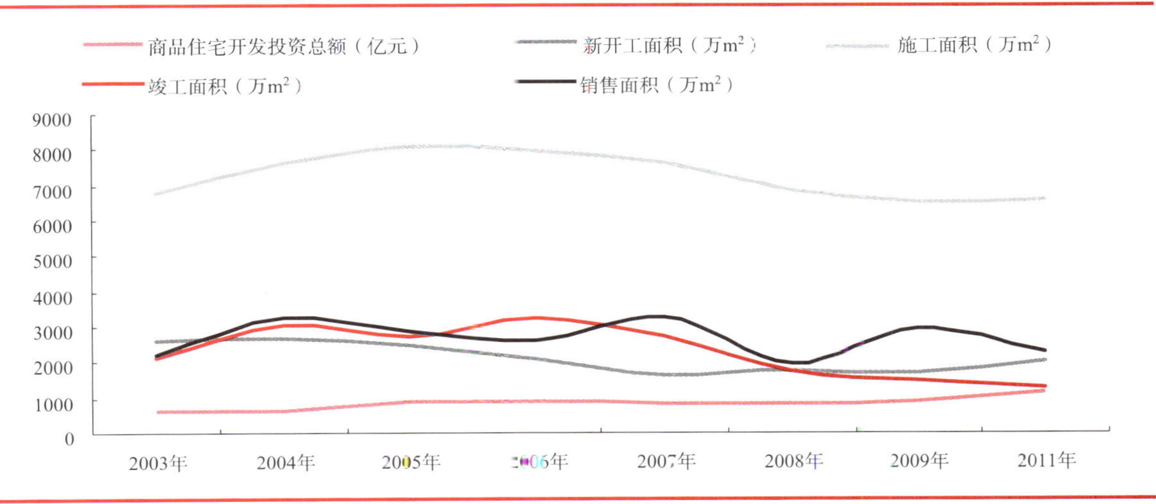

数据来源：上海统计网，2010年数据为上海中原研究咨询部预估。

3.2 一手住宅市场 价格居高不下

3.2.1 新增供应减弱 成交高位回落

2009年，在一系列房地产市场扶持政策与利好推动下，上海住宅市场全面回暖，住宅市场成交量急剧攀升，整体呈供不应求格局，房价也[illegible]升。以长期积压的刚性需求释放为契机，2009年市场热潮在3月份迅速启动，带动持币观望者大举入市。出现一手房市场引价、二手房市场引量的市场联动局面。至6月份，上海商品住宅月成交量已达到221万m^2，为2008年最高月度成交量的2倍以上。7月份后，由于前期开工面积的减少直接导致后续供应迟缓，成交量略有下降，但仍维持在成交高位。至11月底"救市"政策截止，而进一步出台紧缩政策的预期在市场中不断强化，因此在2009年11、12月份出现了一波"政策末班车"，最终创下了自2005年调控以来第2个交易高峰年（表3-1、图3-2）。

上海市新建商品住宅市场供求量（2003～2010年） 表3-1

	2003年	2004年	2005年	2006年	2007年	2008年	2009年	2010年
批准预售面积（万m^2）	3150	2547	2580	2198	2144	2064	2042	1574
预售登记面积（万m^2）	2711	3036	1794	2141	2691	1560	2658	1580

数据来源：上海房地产交易中心 2010数据为上海中原研究咨询部预估。

图3-2 上海市新建商品住宅（剔除动迁配套）供求走势图（2009年1月～2010年8月）

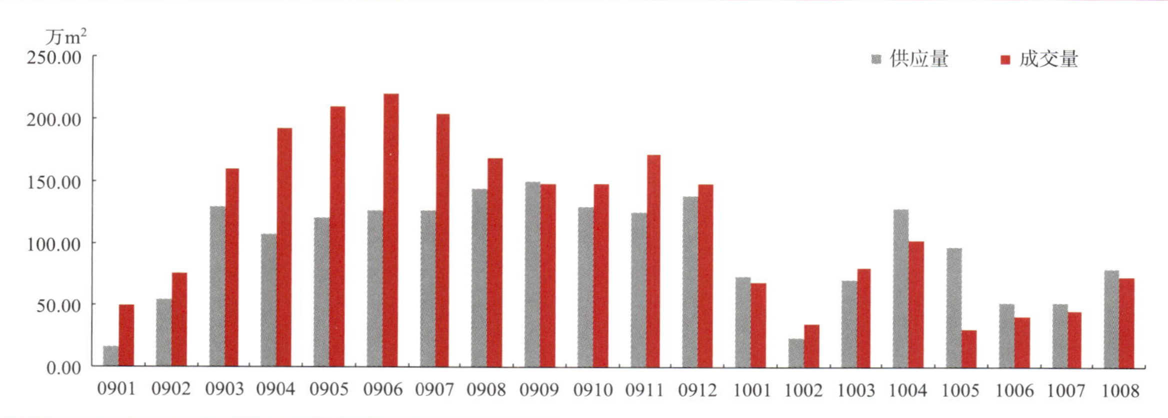

数据来源：上海房地产交易中心 上海中原研究咨询部。

进入2010年，市场迅速被看空，整个一季度都沉浸在低迷冷淡的气氛中。2010年4月份，楼市"小阳春"酝酿发力之际，遭遇"新国十条"重磅阻击。新政后两周时间内，日成交面积顿挫七成，观望氛围日渐浓厚，开发商调整策略以少量多批方式推盘，楼市交投进入低谷并一直延续至7月中旬。据上海中原研究咨询部监测数据显示，2010年1～8月上海新增商品住宅（剔除动迁配套性住房）供应量及成交量分别为573.88万m^2、480.79万m^2，分别比去年同期下跌30.59%、62.53%；全市供求比为1.19∶1，这种供大于求的局面在城市次中心区域和郊区更为明显（图3-2，图3-3）。

3.2.2 政策效应显现 房价短期趋稳

2008年以来长期积压的自住需求在政策鼓励下集中释放，伴随着投资性需求的大规模入市，2009年上海全市商品住宅（剔除动迁配套性住房）预售均价被迅速推高，达到16039元/m^2，比2008年上涨18.82%。

2010年第1季度，受"救市"政策退出及周期性交易淡季的双重影响，上海商品住宅成交均价出现回落。2月份成交价格小幅回落，但仍处于高位。在3月份楼市"小阳春"酝酿之际，高端住宅交易旺盛，4月份商品住宅成交均价大幅攀升至历史新峰值。随后即在"新国十条"的制约下，交易向刚性自住需求集中，交易版图也明显向外围扩张，总价及单价水平下滑，使6、7月份连续两个月交易价格下滑，至8月份供求回升后开始走稳。

图3-3　上海市新建商品住宅（剔除动迁配套）供需情况（2009～2010年1～8月）

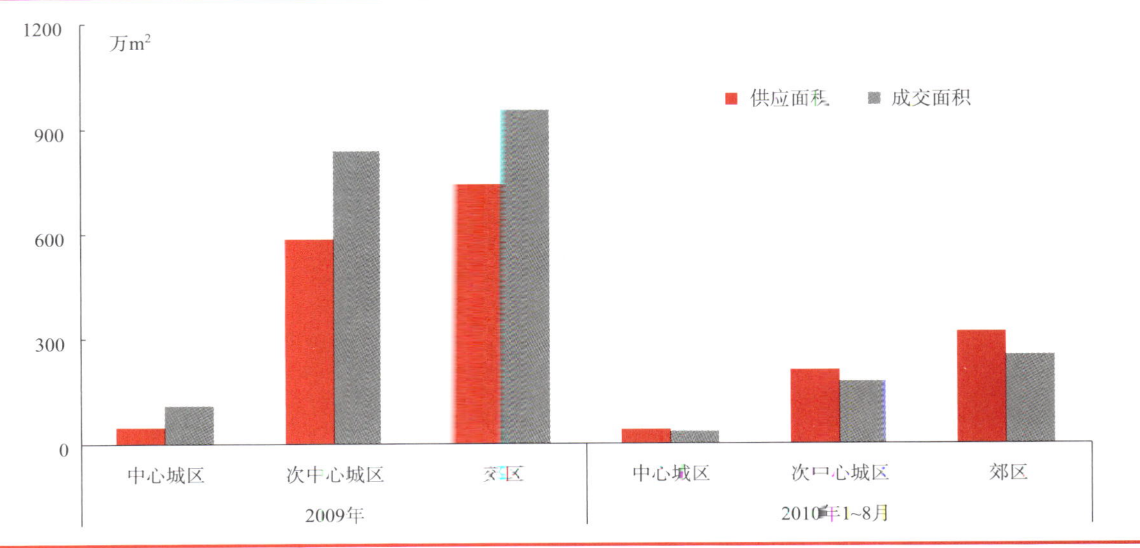

注：中心城区—黄浦、静安、卢湾、长宁、徐汇；
次中心城区—原浦东新区、普陀、虹口、杨浦、宝山、闸北、闵行；
郊区—松江、青浦、嘉定、金山、奉贤、浦东南汇、崇明。
数据来源：上海房地产交易中心、上海中原研究咨询部。

与2009年同期相比，2010年1～8月期间上海各区商品住宅交易价格（剔除动迁配套）均有所提升（图3-4）。其中，中心城区涨幅最弱，卢湾区仅有1.97%的微弱降幅，但仍以60360元/m²的均价据全市房价首位。郊区和次中心城区价格涨幅突出，其中又以崇明、浦东南汇及青浦区域尤为显著，成交均价分别上升至18249元/m²、16395元/m²、18504元/m²，同比涨幅分别为148.27%、50.8%、38.76%；次中心城区中的原浦东新区，受陆家嘴滨江板块高端物业拉动，区域均价达37576元/m²，环比上涨近六成，宝山区域也有四成涨幅。

图3-4　上海市新建商品住宅（剔除动迁配套）月度交易价格（2009年1月～2010年8月）

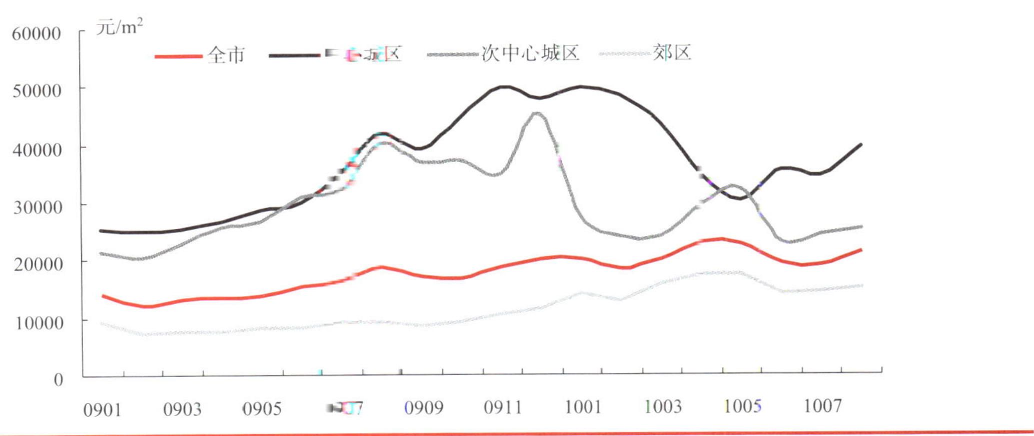

资料来源：上海房地产交易中心 上海中原研究咨询部。

上海各区域商品住宅（剔除配套）售价情况（2009～2010年1～8月）　　表3-2

类　别	区　域	2009年	2010年1～8月	环　比
中心城区	黄浦	40947	49957	22.00%
	卢湾	61575	60360	-1.97%
	静安	37517	37923	1.08%
	徐汇	27384	32659	19.26%
	长宁	29995	30985	3.30%
次中心区域	虹口	26140	33305	27.41%
	闸北	20899	26827	28.36%
	杨浦	21931	32039	46.09%
	普陀	21066	25538	21.23%
	原浦东	23948	37576	56.91%
	闵行	16885	22643	34.10%
	宝山	13222	18735	41.70%
郊　区	嘉定	11805	15279	29.43%
	松江	12422	17059	37.33%
	青浦	13335	18504	38.76%
	金山	6708	7461	11.23%
	浦东南汇	10873	16396	50.80%
	奉贤	9000	11817	31.29%
	崇明	7350	18249	148.27%

注："原浦东"指南汇并入浦东之前的浦东新区。
资料来源：上海房地产交易中心 上海中原研究咨询部。

3.2.3 热点板块继续看好　价格走势关联政策风险

虽然短期内楼市受政策影响而调整，但对上海来说，城市发展热点仍然众多。城际高铁网、"大虹桥"、后世博、新浦东等建设，将为城市地产的开发继续提供更高品质的成长平台，与之伴随的是城市功能的放大与辐射能级的提升，进而吸引更具活力与消费能量的潜在客群。在整个城市地产继续保持向上的同时，局部热点更值得关注。

伴随着保障性住房的推进，上海未来住房结构将呈现多样化的特点，民生将得到更多尊重。但就短期来说，高房价依然是城市活力释放的最大阻碍。由于本轮调控城市细则的"难产"以及"房产税"传闻的持续不断，上海一直站在2010年全国楼市调控的风口浪尖。

上海作为国内楼市调控的标杆城市之一，在城市细则出台上的过分低调，或隐藏着重量级政策试点的使命。事实上，"房产税"在经过较长时间的社会讨论、学术评价之后，其轮廓也愈发清晰起来，同时也极可能成为"二次调控"中的政策主线，正如第一轮调控中的差别化信贷政策。房价事实上的上涨甚至是上涨的潜在动因都有可能成为"二次调控"的触发点。

3.3 二手住宅市场　量价趋稳

由于本轮调控剑指房贷，和新房市场相比，新政甫出，二手房市场受影响更加明显。"新国十条"出台前后一个月的时间内，上海二手住宅日成交套数下滑近8成，部分片区二手房价调整先于新房市场，外围川沙、松江新城、嘉定新城等新兴概念性居住区房价波动明显，中心区也不乏零星业主低价抛盘。随着政策逐步被消化，在"以价换量"的过程中，市场恐慌心态渐渐褪去，业主方重新开始于租售之间进行观望选择。最终经过7月份的抬头与8月份的加速，上海二手住宅日成交套数逼近新政前的5成，并呈现出进一步向上的势头。与以往市场回暖结构稍有不同的是，8月后半段二手房市场中置换性需求明显增多。

3.3.1 调控影响显著　二手住宅成交骤减

“新国十条”左右了整个2010年上海二手住宅市场的走势。第一阶段调控中，又以差别化信贷政策对二手住房交易的影响力最为显著。上海房地产市场发展相对成熟，房屋登记信息系统建设较为完备，有力支持了调控政策的深入贯彻。据上海中原研究咨询部监测，在2010年6月、7月份最初始的低价“淘房”潮中，投资性需求只维持在1成左右，与2010年初4～5成的市场占比形成巨大反差。2010年1～8月份二手住宅成交套数、成交面积、成交金额分别是65089套、536.59万m^2、883.20亿元，与2009年同期相比分别减少51.5%、49.9%、51.10%（图3-5）。

图3-5　上海市二手住宅月度成交套数及均价（2009年1月～2010年8月）

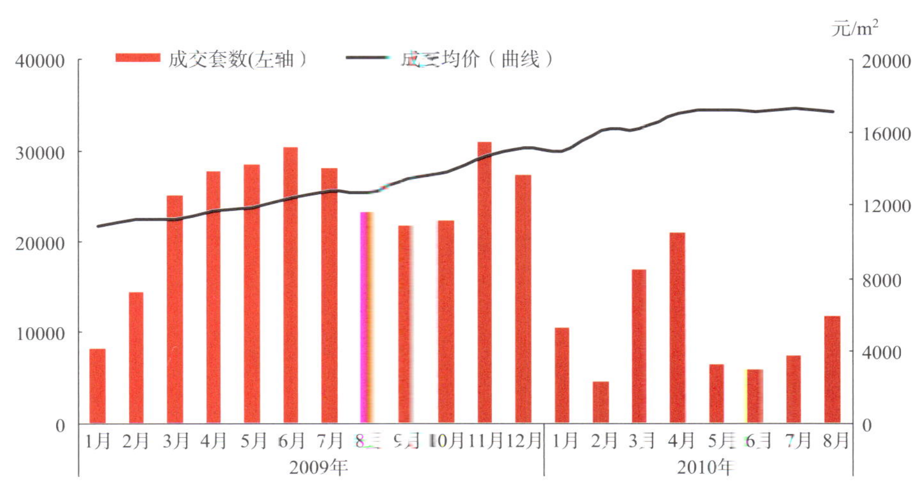

数据来源：上海房地产交易中心。

2009年：面对全球性金融危机及后续风险因素的快速蔓延，为确保国内经济的稳定增长，中央适时推出4万亿经济刺激计划，但也带来资本流动性的泛滥与社会通张预期的高涨。而经过2008年持续低迷之后，房地产市场也迎来“救市”的全面开始。最终，上海楼市以其出色的城市吸引力，实现了刚性自住需求、避险投资需求、短期投机需求多重叠加。2009年楼市“小阳春”过后，二手住宅交易量持续高位，并在年底再掀一波政策“末班车”置业高潮。整个2009年，上海二手住宅价格在第一季度短暂平稳后一路走高。

2010年1～4月：上海二手住宅成交进入政策“末班车”后的短期休养，房价则延续了2009年的高昂走势。出于对楼市非常规火爆后的调控预期，2010年楼市“小阳春”不仅步伐迟缓，而且在交易量上也表现得略有些惴惴不安，同比2009年有明显落差。但这种羞怯在1季度末就开始被抛却，二手住宅成交量价齐涨，二手住宅价格于2010年4月创历史最高。

2010年5～8月：新政出台后的4个多月里，上海二手住宅经历了冷静观望、试探性反弹与加速回暖。7月中旬，市场交易抬头迹象出现，浦东联洋等板块交易节奏明显加快。在新政初期首套自住需求主导的基础上，改善性需求增长明显，投资、投机性需求也有小幅回潮。从而7月、8月起，上海二手住宅成交量开始回升，特别是8月份，成交量环比增加60%以上。

图3-6　上海市区域二手住宅成交套数比重（2010年1～8月）

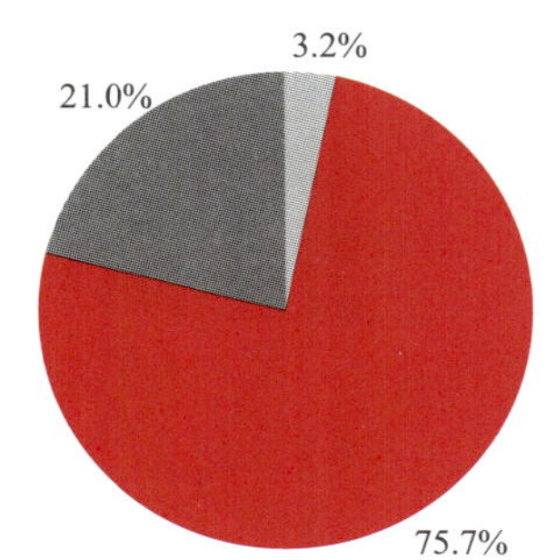

中心城区：黄浦、卢湾、静安
次中心城区：长宁、徐汇、浦东、杨浦、虹口、闸北、宝山、普陀、闵行
郊区：松江、青浦、奉贤、金山、嘉定、崇明

数据来源：上海房地产交易中心。

3.3.2 次中心区域　二手住宅成交集中

2010年1～8月，上海二手住宅成交集中在次中心区域，9个区域的成交套数占到全市总成交的75.7%；其次是郊区，占到了20.9%；而3个中心区域成交套数仅占3.2%（图3-6）。原因在于次中心区的房价相比中心区要低很多，而同时经历多年发展，这些次中心区的交通生活等配套已基本齐备并且仍具有良好的成长性。此外，近些年次中心区域新开发项目较多，二手房市场高度活跃，也带动了次中心区域二手房成交比重的上升。

3.3.3 高位短暂回调　二手住宅成交价格难撼

从2004年5月开始，CLI上海二手住宅价格指数总体呈现不断上涨趋势。期间上海二手房价格经历过三次回调，第一次是2005年5月，第二次是2008年6月，第三次是2010年5月，前两次的回调时间在半年左右，然后又恢复上涨趋势。2010年4月份新政出台，房价再次回调。从新政后的价格指数走向上可以看出，在5月、6月份价格指数迅速下降，但在7月、8月份，其下滑势头得以短暂停顿，并出现小幅回升（图3-7）。

图3-7　CLI上海二手住宅价格指数走势（2004年5月～2010年8月）

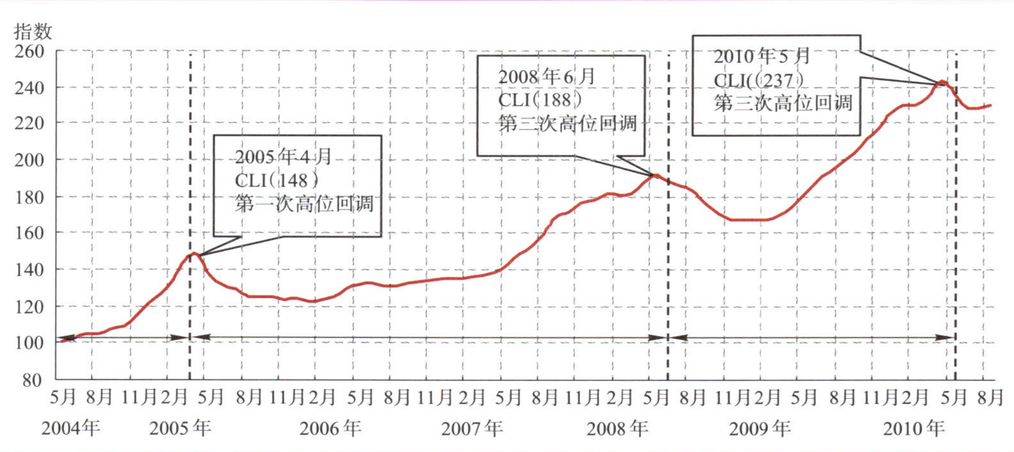

数据来源：中原领先指数系统。

2010年5月上海二手住宅成交均价为17234元/m²，为2009年以来月度最高值，比2009年最低价11142元/m²上涨了54.7%，比2009年最高价15143元/m²也上涨了13.8%。2010年以来价格的快速上涨，主要是延续了2009年资产价格上涨的势头，价格追涨现象凸显，即使成交量下降、挂牌量增加依然不能真正撼动高房价。

3.3.4 低总价小户型　二手住宅成交主体

受新政影响，2010年需求以自住刚性需求为主，1～8月份市场主力需求集中在中小户型以及低总价房源。

2010年1～8月二手住宅成交总价结构中，单套总价在200万以下的占到了全市二手住宅成交比重的85%以上，其中总价80万～200万元的成交量占到51.6%，80万元以下的占到33.6%；而总价在300万以上的比例只占到6.8%（图3-8）。

2010年1～8月份成交70m²以下的中小户型的百分比是48.3%，70～90m²的占比为19.1%（图3-9）。

3.3.5 下半年二手住宅价格有望继续走平

高房价触痛着民众的神经，其走势也被视作楼市调控成果最敏感的衡量指标。2010年调控迅速推进的过程中，形成了一手房价小幅波动，二手房价持续走平的势头。但随着楼市成交量的回升，关于价格是否会上行的忧虑再度泛起。上海中原研究咨询部综合政策、供应、需求等多重因素认为，不排除局部热点地区房价小幅上行，但城市整体房价仍会在较长一段时间内被扼守在政策红线之下。

第一，在楼市中，二手住宅价格一直以一手新房价格为参照标杆。而新房市场领域房地产开发商在历次调控中都受到多重打压，2010年的第一轮调控政策也涵盖了土地清查、地王遏制、企业融资、新盘上市、需求甄别等多个领域，土地拍卖与新房源上市价格更被置身放大镜下。在管理层、媒体一再释放严格调控执行的高压下，开发企业短期内丰有挑触政策红线的勇气。在"金九银十"的筹备中，多数开发企业偏向"以价换量"，房价基调上的保守让二手业主们面对日渐活跃的购房群体，空有涨价之心。

第二，当前无论调控政策还是调控成果都具有明显的阶段性特征，后续政策走向与市场发展存在多重变数。房企与多重购房需求投资热情抬头，交易回暖背后暗藏着房价上扬压力。以"房产税"为核心的"二次调控"引而不发，并无法全面且长期遏制资本冲动。且在政策执行过程中，不排除由于执行不力的情况，因此，理清执行通道，严格政策落实好过急急推出可能被继续"架空"的新政策。鉴于其中的复杂性、艰巨性，注定"二次调控"步伐不会来得太快，房价走势也自然缺少猛然下挫的动因。

图3-8　上海市二手住宅总价成交结构（2010年1～8月）

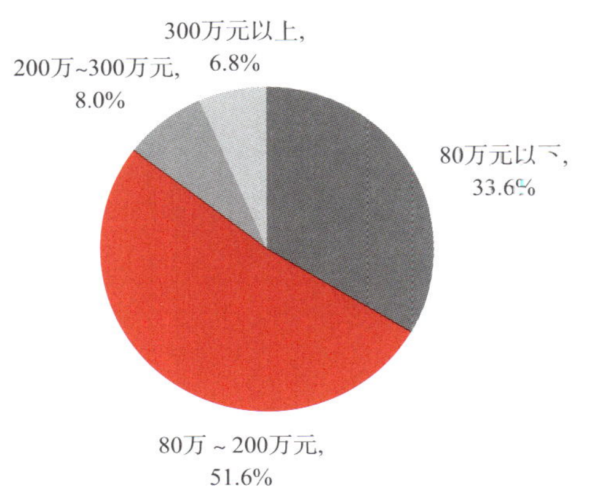

数据来源：上海房地产交易中心。

图3-9　上海市二手住宅面积成交结构（2010年1～8月）

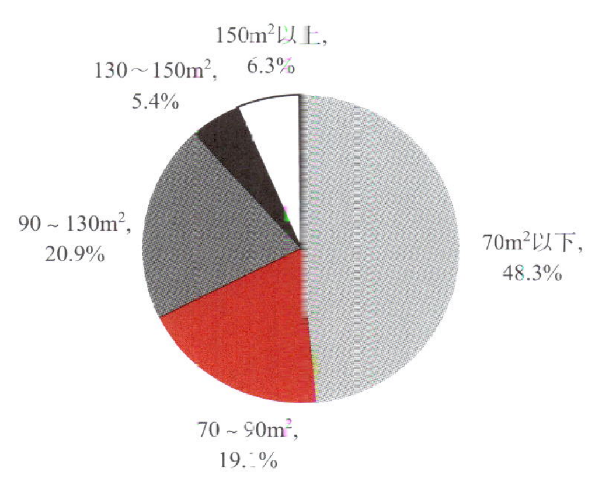

数据来源：上海房地产交易中心。

第4章　外部环境好转　写字楼市场缓慢复苏

2009年，政府为了应对2008年的全球金融危机，实施了一系列经济刺激计划，促使当年住宅市场谷底反弹、量价齐升。但写字楼市场受到外围经济不佳的影响，各类企业放缓了扩张的步伐，致使写字楼市场租金水平一路走低，空置率处于高位。跨入2010年，不在调控范围内的写字楼市场受到国内外经济逐步回暖的提振，并在全球经济一体化的影响下随经济缓慢复苏。与2009年末相比，市场交易逐渐活跃，租金水平渐渐抬头，已有回升之势，空置率也有所下滑。此外，2010年一、二季度写字楼收购案例较去年同期相比有所增多，国内金融机构和企业跃跃欲试，伺机低位吸纳写字楼物业，释放了较为积极的信号。

4.1 甲级写字楼需求回升　租赁市场渐暖

4.1.1 浦西楼盘集中　部分延迟上市

买卖市场方面，2009年1月～2010年8月期间，上海销售型写字楼共推出37.19万m^2，主要集中在北外滩、衡山路板块，浦西楼盘多达7个，浦东项目仅2个，代表项目包括“上海港国际客运中心”、“上海环贸广场”等。浦西部分项目上市节奏缓慢，例如“上海港国际客运中心”自2009年1月起，分三批推盘，全部可售面积为5.47万m^2。另外，位于衡山路板块的“上海环贸广场”推盘力度较大，2010年6月，一举推出6.31万m^2（表4-1）。

租赁市场方面，2009年1月～2010年8月期间新增租赁型写字楼项目全部来自于浦东陆家嘴区域，上市总量为31.86万m^2。由于外围经济走势依然较弱，不确定因素较多，使得企业扩张意愿不强，导致2010年上半年入市的部分写字楼推迟了上市时间，如处于外滩金融聚集带的“伦达金融大厦”和人民广场板块的“雅居乐国际广场”，这两个项目都处于浦西的核心区域，位置优越，然而较高的租金水平使得短期入市风险相当大。

2010年1月～8月，只有位于浦东的“上海国金中心”和“太平金融大厦”两个租赁项目公开，为市场带来了14.39万m^2的新增供应。值得关注的是，“上海国金中心”自一期办公楼开展预租以来已几近满租，由于该写字楼目前租金水平在10元/（m^2·天）左右，较竞争对手普遍报价的12～15元/（m^2·天）具有明显的吸引力。从“上海国金中心”的租户构成看，基本以金融保险、管理咨询等全球性服务机构设立的地区总部为主，如汇丰银行、彭博新闻社、信诚基金等（表4-2）。

上海市新增甲级写字楼买卖项目（2009年1月～2010年8月）　　表4-1

<table>
<tr><th>上市时间</th><th>区　域</th><th>楼盘名称</th><th>地　址</th><th colspan="2">上市面积（万m²）</th><th>预售均价（元/m²）</th></tr>
<tr><td>2009-01</td><td>南京西路商圈</td><td>御华山大厦</td><td>华山路328号</td><td colspan="2">2.40</td><td>90000</td></tr>
<tr><td>2009-06</td><td>徐家汇商圈</td><td>汇鑫国际大厦</td><td>宜山路333号</td><td colspan="2">2.28</td><td>31000</td></tr>
<tr><td>2009-05</td><td>陆家嘴商圈</td><td>高宝金融大厦</td><td>花园石桥路66号</td><td colspan="2">4.72</td><td>55000</td></tr>
<tr><td>2009-08</td><td rowspan="3">打浦桥商圈</td><td rowspan="3">绿地浦晖国际中心</td><td rowspan="3">龙华东路818号</td><td>1.88</td><td rowspan="3">合计
7.19</td><td rowspan="3">45000</td></tr>
<tr><td>2010-03</td><td>2.17</td></tr>
<tr><td>2010-08</td><td>3.14</td></tr>
<tr><td>2009-01</td><td rowspan="3">北外滩商圈</td><td rowspan="3">上海港国际客运中心</td><td rowspan="3">东大名路558号</td><td>0.50</td><td rowspan="3">合计
5.47</td><td rowspan="3">38000</td></tr>
<tr><td>2009-06</td><td>1.52</td></tr>
<tr><td>2010-04</td><td>3.45</td></tr>
<tr><td>2010-01</td><td>北外滩商圈</td><td>嘉杰国际广场</td><td>四川北路1717号</td><td colspan="2">0.69</td><td>30000</td></tr>
<tr><td>2010-06</td><td>衡山路商圈</td><td>上海环贸广场</td><td>淮海中路999号</td><td colspan="2">6.31</td><td>90000</td></tr>
<tr><td>2010-06</td><td>中山公园商圈</td><td>中山万博广场</td><td>淮海西路666号</td><td colspan="2">3.68</td><td>45000</td></tr>
<tr><td>2010-07</td><td>陆家嘴商圈</td><td>嘉瑞国际广场</td><td>向城路288号</td><td colspan="2">4.45</td><td>55000</td></tr>
</table>

数据来源：上海中原研究咨询部。

上海市新增甲级写字楼租赁项目（2009年1月～2010年8月） 表4-2

区　域	楼盘名称	开发商名称	竣工时间	建筑面积（万m²）	租赁价格元/（m²·天）
陆家嘴商圈	高宝金融大厦	高鹏房地产发展有限公司	2009年1季度	4.72	0.8～1.3
陆家嘴商圈	上海保利广场	上海保利	2009年2季度	4.09	0.7～0.8
陆家嘴商圈	上海国金中心	香港新鸿基	2010年1季度	8.66	1.5～2
陆家嘴商圈	上海国金中心	香港新鸿基	2010年1季度	12.68	1.5～2
陆家嘴商圈	太平金融大厦	中国保险集团	2011年1季度	1.7[illegible]	1.2～1.5

数据来源：上海中原研究咨询部。

4.1.2 成交渐暖　大单交易引市场关注

2009年～2010年8月期间，甲级写字楼共成交58.25万m²，其中，2010年1月～8月期间，甲级写字楼共成交19.24万m²，与2009年同期相比，增加了61.66%。

2009年全年甲级写字楼新增供应主要集中在下半年，且整体交易明显增多。2009年8月和9月，成交主要来自“中融碧玉蓝天大厦”、“浦江双辉大厦”和“上海港国际客运中心”的整体交易，致使成交量大幅攀升。2009年8月16日，国投亚华以9.58亿元买下虹口北外滩的“上海港国际客运中心”1.5万m²，成交均价达59500元/m²，低于开发商在网上房地产上的报价68800元/m²。在收购案例中，频现国内银行的身影，从成交区域来看，金融机构的收购案例全部集中在浦东陆家嘴区域这一金融中心建设的重镇。例如上海农村商业银行于2009年8月以10.48亿元购入“中融碧玉蓝天大厦”的10层写字楼楼面、4个裙房铺面，中国农业银行在2009年9月以37.7亿元收购“浦江双辉大厦”其中一栋的1-41层，成交均价为44351元/m²，远低于网上房地产58000元/m²的报价，甚至打破了网上房地产上下价格浮动不超过20%规定。种种迹象表明，在经济逐步回暖的同时，写字楼市场仍然处于低位盘整阶段，部分金融机构出于企业扩张需求，纷纷在低位抄底写字楼市场。

2010年1～8月期间，甲级写字楼月销售面积在1～4万m²左右，成交均价则在33000元～45000元/m²之间徘徊（图4-1），其中，2010年3月和2010年4月成交量最大，分别达到3.64万m²和3.93万m²。3月份，“浦江双辉大厦”以2.15万m²的成交量打主，而4月份成交则主要来自“太平金融大厦”的关联交易，本次收购涉及该项目的24～29层的6层楼面共24套写字间，被该项目开发商太平置业有限公司同一集团下的太平人寿购得，均价为37000元/m²。2010年5月，恒生银行称将以总作价人民币5.1亿元购得“汇丰大厦”第101单元，以及第34～36层之整层办公楼，该项收购将于2010年11月20日完成（表4-3）。

图4-1　上海市甲级写字楼月度成交面积及成交价格（2009年1月～2010年8月）

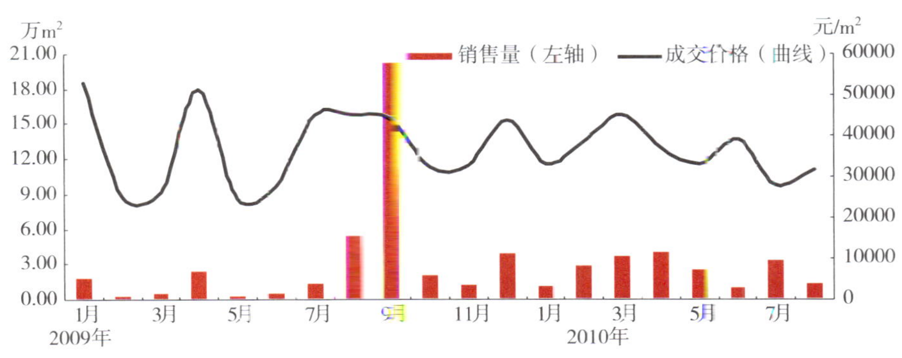

数据来源：上海中原研究咨询部。

上海写字楼收购案例（2009年1月～2010年8月）　表4-3

收购事件	项目名称	收购方	建筑面积（万m^2）	总价（亿元）
2009-03	浦项商务广场	陆家嘴&posco	9.81	17.60
2009-05	悦达黄浦河滨大厦	上海本地投资客	0.97	2.19
2009-08	中融碧玉蓝天大厦	上海农村商业银行	2.11	10.48
2009-09	浦江双辉大厦	中国农业银行	8.51	37.70
2009-09	上海港国际客运中心	国投亚华	1.52	10.50
2009-09	福都大厦	红楼集团	1.69	4.60
2010-01	铂金大厦	资本策略	4.34	24.00
2010-02	天宸玫瑰广场	德国房产投资基金	7.61	14.55
2010-04	太平金融大厦	太平人寿	1.72	6.34
2010-05	汇丰大厦	恒生银行	0.7	5.10

数据来源：上海中原研究咨询部。

4.1.3 租金出现拐点　呈缓慢回升之势

2009年1月～2010年8月期间，租金曲线呈先抑后扬的走势。2009年全年的租金曲线平滑下跌，由于全年笼罩在金融危机的阴影下，各甲级写字楼为了留住原来的客户而无奈的选择调低租金报价。至2009年12月，甲级写字楼平均租金已降为7.46元/（m^2・天），与2009年1月最高点的8.96元/（m^2・天）相比，下跌了16.71%。

2010年，随着全球经济逐步好转，租赁市场渐趋活跃，被压抑已久的企业扩张需求得到释放，致使租金水平从1月开始缓慢攀升，震荡上行。至2010年8月底，甲级写字楼平均租金达到7.70元/（m^2・天），与2009年12月的租金最低点相比，上升了3.23%。虽然租金水平已有小幅回升，但是由于全球经济复苏仍存在较多不确定因素，而上海写字楼租赁市场受全球经济一体化影响较大，因此租金水平想要有较大突破尚需时日，未来一段时间内将仍会延续震荡的走势（图4-2）。

图4-2　上海市甲级写字楼租金水平走势（2009年1月～2010年8月）

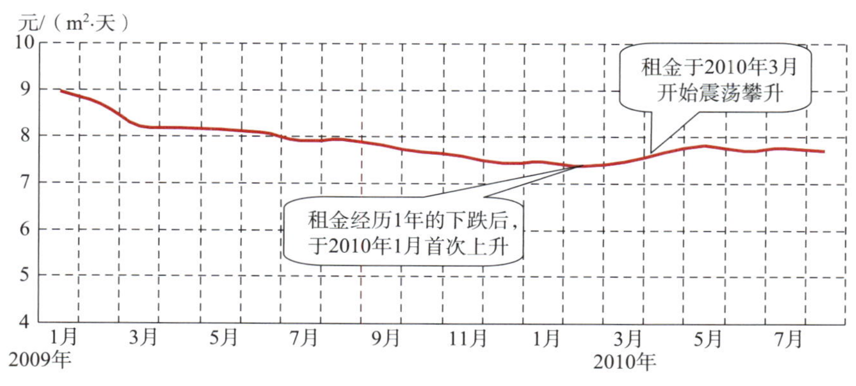

数据来源：上海中原研究咨询部。

4.1.4 租赁渐渐回暖　空置率日趋走低

随着外围经济的慢慢回暖，国内经济也好于预期，部分国内金融机构和企业有了比较强烈的扩张需求。自2009年2季度始，甲级写字楼平均空置率开始震荡下行，从2009年4月的12.17%一路下探至

12月的9.85%，与2009年1月的空置率12.30%相比，下降了19.89%。

2010年1季度，随着"国金中心"刚刚上市，空置率水平又有所回升，2010年3月达到10%。然而由于2009年、2010年入市的甲级写字楼数量较少，加上经济的逐渐回暖，各式企业的扩张需求不断增强，促使空置率自2010年2季度起又开始缓慢走低，至2010年6月，已降到2009年以来的最低点，达到9.53%，与2009年3月的最高点相比，下降了23.12%。不过，随着2010年3季度的"雅居乐国际广场"、"伦达金融大厦"、"百丽国际广场"等项目入市，空置率仍将有一定波动（图4-3）。

图4-3　上海市甲级写字楼累计供应、吸纳及空置率（2009年1月～2010年8月）

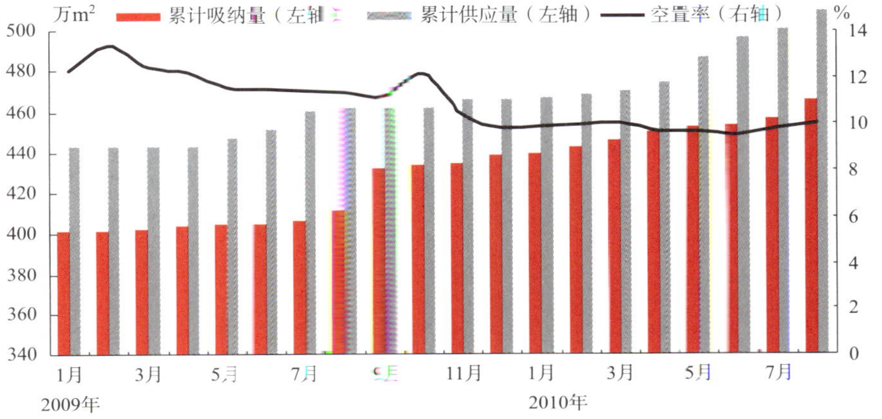

数据来源：上海中原研究咨询部。

4.2 乙级写字楼供应趋缓　需求平稳

4.2.1 供应趋缓　中环为主要供应区域

2009年1月～2010年8月期间，乙级写字楼共推出178.66万m²，其中2010年1～8月乙级写字楼上市73.41万m²，占比为41.09%。

从环线分布来看，中心区域供应疲软，2009年1月～2010年8月，内环内新增供应仅30.89万m²；而中外环区域则成为乙级写字楼主要供应区域，共上市91.02万m²，占总供应面积的50.95%。从区域来看，普陀、嘉定等区成为供应主力区域，分别上市30.14万m²和27.57万m²。以普陀区为例，随着长风板块内现代生态商务区的建设，区域内写字楼市场前景被极大看好。截至2010年8月，板块内的"国浩长风城"和"汇银金融商务中心"都有大体量物业面市，写字楼供应面积分别为5.02万m²和9.29万m²。

4.2.2 需求平稳　价格震荡中缓慢上行

2009年1月～2010年8月期间，乙级写字楼共售出176.99万m²。从整体走势来看，2009年2、3、4季度销售量呈递增的走势，峰值出现在2009年9月，当月成交17.52万m²，2009年下半年成为乙级写字楼成交高峰，共成交面积77.64万m²，占总体量的45.73%。而2010年1～8期间月共成交49.41万m²，同比减少了28.21%。

就具体成交区域分布来看，在此期间上海乙级写字楼成交主要集中在杨浦区的五角场、南汇区的周康、浦东新区的金桥、普陀区的长风及嘉定区的安亭汽车城、徐汇区的田林等板块。这些板块内的写字楼售价较低，部分写字楼价格与住宅价格出现倒挂现象，物业具有一定升值潜力。如五角场板块的怡富商务广场，均价为18710元/m²，而同板块内的商品住宅的均价为23000元/m²左右，遂激发部分投资买家入市。

2009年，乙级写字楼价格走势比较平稳，月度价格在12000～16000元/m²左右震荡。2010年1月和2月成交均价延续了2009年的震荡走势。3月和4月，受到部分板块成交均价剧烈波动的影响，导致这两个月的均价产生较大落差，3月成交均价达到2010年最高的20087元/m²，而4月，又回落至16000元/m²以上。随着5月、6月份的销量萎缩，销售价格也进一步滑落，2010年5～8月期间，写字楼销售价格一直维持在15000～16000元/m²之间（图4-4）。

图4-4　上海市乙级写字楼月度销售情况（2009年1月～2010年8月）

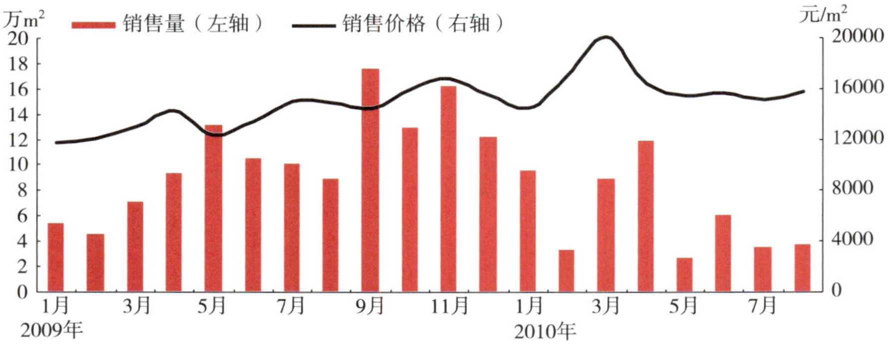

数据来源：上海中原研究咨询部。

4.3 写字楼市场回暖　复苏在望

4.3.1 投资热情渐起　外商收购又现

受到2008年经济危机的拖累，原被寄予厚望的跨国公司在2009年无奈延缓了全球扩张的步伐。而国内银行业等金融机构扩张需求在2009年再次重启。从最近收购案例可以看出，国内金融机构占据了半壁江山，2009年～2010年8月间的10例写字楼收购案例中，就出现了4家国内银行的身影。

虽然，2008年政府下达了关于下放外商投资房产业审批权、加快外商投资房地产备案速度等政策，放松了一向十分严格的对外商投资房地产的限制，但是目前这一政策还无法完全激起外商投资商务写字楼的热情。2009年全年没有一起外资收购写字楼的案例出现。而2010年外资收购写字楼再次出现，2月“天宸玫瑰广场”被整体出售给德国的一家房产投资基金。后金融危机时代，国内经济的快速提振对于外资企业仍具有极大的吸引力，预计2011年会有更多的海外资本进入国内写字楼投资市场。

4.3.2 成交渐趋活跃　步入复苏轨道

国内经济趋于回升，外部经济也在缓慢的复苏之中，2010年甲级写字楼成交市场也渐趋活跃。2010年1～8月甲级写字楼市场共成交700套，与2009年同期销售194套相比，大幅增加了260.82%，与2009年下半年相比也有近20%的增幅。随着国内经济的逐步回暖，医药、投资咨询等行业的业务增长显著，也存在着扩张办公场所的需求，未来这些行业将成为写字楼市场成交活跃强有力的支撑。随着世博会的召开、“双中心”的确定及虹桥交通枢纽的建设都将为写字楼市场带来新的发展机会。以上这些因素将促使国内写字楼租赁市场反复活跃，未来租金水平有望缓慢攀升至8元/（m²·天）上下，空置率也将震荡回落至9%左右。

第5章 商业市场供求平衡 前景可期

2009年上海商业物业市场价格平稳，交易量明显放大。随着2010年上海世博会的召开，目前商业物业的市场供求关系基本趋于平衡，有望迎来又一轮投资良机。另外，小户型、低总价的社区商铺成为了近期投资主流，未来表现值得关注。

5.1 新增供应小幅增加 郊区大型商业为主

2009年由于受到全球金融危机的影响，商业地产市场供应较2008年有所回落，全年新增商铺18595套，新增供应面积达202万m²。2010年上半年，商业地产新增供应套数5790套，上市面积达100万m²，同比增加了21.76%。预计2010年全年商业地产供应面积将在210万m²左右，较2009年上升3.96%。

从供应情况来看，两年内商业地产供应主要为郊区大型商业项目。2009年的商业地产供应热点区域是浦东南汇、松江、青浦，三区占全市的比重高达47%。其中，浦东南汇供应面积为45.57万m²，占上海市总供应量的22.59%，主要供应来自于“两港装饰材料城”。2010年1～8月期间全市商业地产供应热点区域是奉贤、嘉定、闵行，三区总供应面积为59.73万m²，占供应总量的42.24%。(表5-1)。

上海市商铺新增供应面积和区域分布（2009年1月～2010年8月） 表5-1

区 域	黄浦区	卢湾区	静安区	徐汇区	长宁区	虹口区	闸北区	杨浦区	普陀区	浦东新区
2009年										
面积（m²）	2552	5459	26984	25076	5839	22335	72641	71304	60757	165273
套数（套）	10	21	62	80	15	94	521	339	119	736
区 域	闵行区	宝山区	嘉定区	松江区	青浦区	金山区	南汇区	奉贤区	崇明县	
面积（m²）	179747	154170	104733	317847	181036	83353	455734	71248	11451	
套数（套）	1189	624	1536	2489	2477	1316	6516	396	25	
区 域	黄浦区	卢湾区	静安区	徐汇区	长宁区	虹口区	闸北区	杨浦区	普陀区	浦东新区
2010年1～8月										
面积（m²）	0	14635	6123	28199	28410	64511	32881	18179	45814	129342
套数（套）	0	48	26	241	79	145	189	91	112	508
区 域	闵行区	宝山区	嘉定区	松江区	青浦区	金山区	南汇区	奉贤区	崇明县	
面积（m²）	167286	99120	168903	20059	139778	59850	66500	261146	13353	
套数（套）	613	640	1504	213	1080	674	374	2411	86	

数据来源：上海中原研究咨询部。

5.2 商铺市场需求维稳 小面积商铺为主流

5.2.1 需求平稳 成交价格波动不大

2009年全年商业市场成交面积达到243.04万m²，较2008年大幅上升了44.86%，2009供求比为0.83：1，总体呈现供不应求的状态。分区域来看，以南汇、奉贤、松江需求最为旺盛，分别成交了37.79万m²、31.63万m²和30.47万m²，分别占2009年全年总成交量的15.55%、13.01%和12.54%。

进入2010年，政府开始对过热的投资需求予以打压，商用物业也或多或少受到影响。2010年1～8月期间，商业物业共成交148.76万m²，与去年同期相比增长了10.52%。分区域来看，南汇、奉贤、松江成为主力区域，分别成交了20.64万m^2、20.40万m^2和16.93万m^2，分别占成交总量的13.87%、13.71%和11.38%。若以2010年1～8月月均成交面积12.40万m^2来计算，2010年全年上海商业物业成交面积大约在225万m^2左右，较2009年减少7.42%。 2011年，后世博效应将会凸显，估计全年成交量将比2010年有小幅上升，维持在230万m^2左右。

图5-1 上海市商铺年度成交面积及变动情况（2006～2010年）

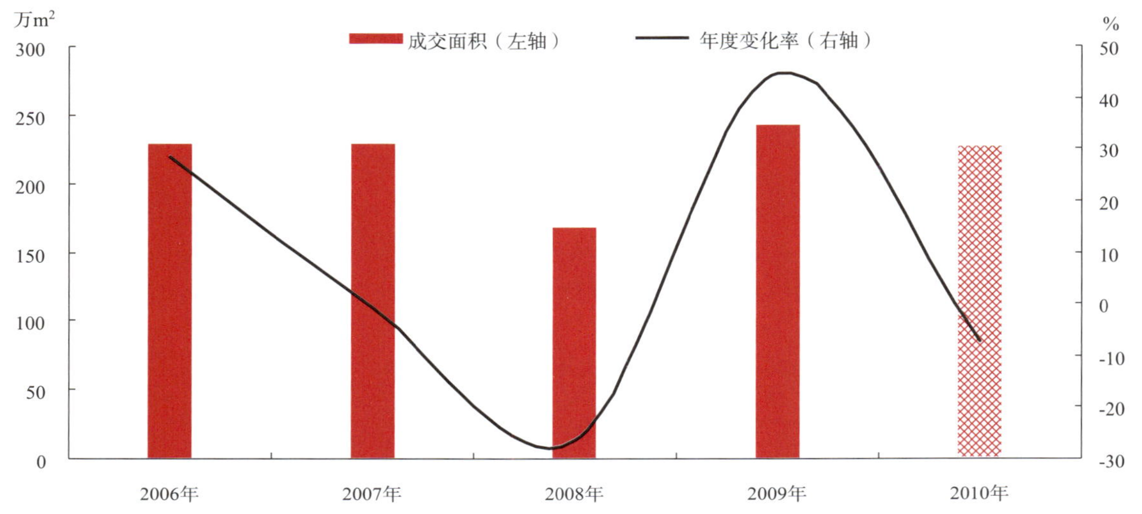

注：2010年数据为中原预测。
数据来源：上海中原研究咨询部。

上海市商铺市场成交面积、成交套数一览（2009～2010年） 表5-2

	上市面积（万m^2）	上市套数（套）	成交面积（万m^2）	成交套数（套）
2009年	201.75	18595	243.04	26372
2010年（估）	210	—	225	—

数据来源：上海中原研究咨询部。

2009年商业物业由于需求平稳，销售价格波动较小，平均价格从2008年的11719元/m^2上涨到13383元/m^2。进入2010年，商用物业成交均价将保持平稳状态，预计全年成交均价将在13020元/m^2左右。

从区域来看，2009年成交均价较高的是长宁、黄浦和静安，销售均价分别为47782元/m^2、33626元/m^2和33615元/m^2。当年价格低谷是在奉贤、金山和崇明，成交均价分别在7000元/m^2上下。

2010年1月～8月的成交均价最高的是黄浦、长宁和徐汇三区，成交均价分别为35914元/m^2、32437元/m^2和31547元/m^2。2010年1～8月商业物业成交价格低谷依然是奉贤、崇明和金山三区，奉贤区2010年1～8月的成交均价已经降到5000元/m^2不到，崇明和金山的成交均价依然保持在7000元/m^2的左右。

5.2.2 投资需求　低总价商铺为主流

2009年上海市商业成交结构面积段显示，商业物业成交面积主要集中在100m^2以下，共成交了

20833套，占成交总量的78%左右；最为投资者接受的商业物业的总价在100万元以下，共成交了18836套，占2009年全年总量的71%左右。

图5-2　上海市商铺月度成交套均面积及套均总价走势（2009年1月～2010年12月）

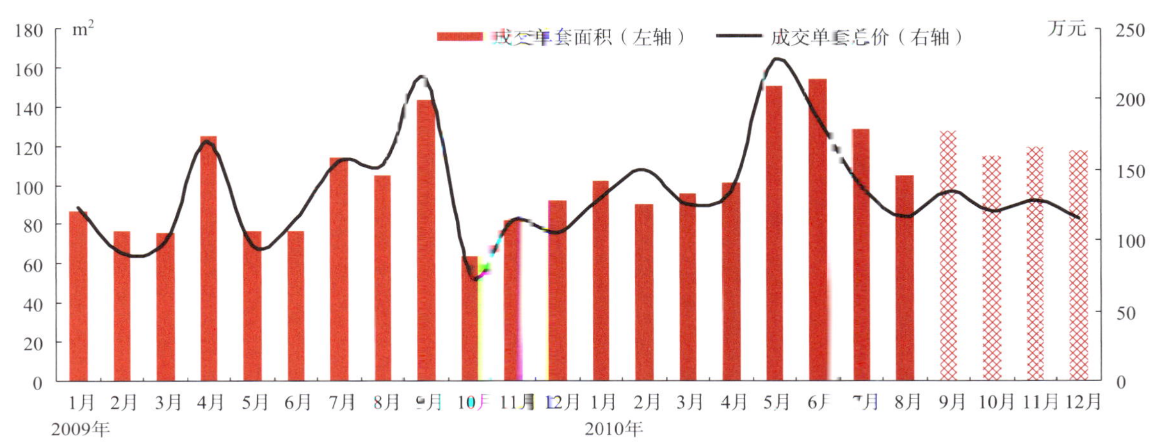

注：2010年9～12月数据为中原预测。
数据来源：上海中原研究咨询部。

进入2010年，单套总价在100万元以下区间内的商业物业仍然最受投资者追捧，2010年1月～8月，该区间内成交的物业占总量的70%左右。另外，同期成交单套总价在1000万元以上的商用物业超过了500套，与2009年同期的100多套相比，增幅较大，这与2010年1～8月期间外围大型商业项目供应较多有直接的关系。

5.3“后世博”带来机遇　商业市场前景光明

借助着2010年上海世博东风，整个城市的基础和公建配套得到了完善和提升。同时，大手笔资金的投入也使得上海城市发展速度大大加快，立体交通体系的优化，诸如浦东和虹桥机场的扩建、高速铁路网拓展、轨道交通网络的建设和逐步完善，将上海打造成为一个更加高速、便捷的城市。

同时借助世博会的契机，虹桥商务开发区、“大浦东”等区域建设都体现了商务功能区设定的高定位和多元化，“后世博”的潜力和发展机遇得到了充分显现。国家“十二五”规划的即将展开，而围绕着“后世博”场馆区域建设的规划已基本形成，那就是在黄浦江畔再建一个诸如陆家嘴般的耀华滨江贸易功能区，且政府对后续土地利用的定性30%以上为商业综合地块用途。结合目前上海第三产业的蓬勃发展，新一轮的商业改造和提升计划将会为市场带来更多的可持续发展机会，相信未来以商业综合体为主流趋势的开发，将会对上海商业市场的全整回升创造良好的条件。

Photo by: Hu wenkit 胡文杰 (www.pdoing.com)

Story
楼事

上 海 | SHANGHAI

第6章　新政下各类豪宅表现迥异

上海中原研究咨询部　龚　敏/王丽华

高端物业，历来以其稀缺地段资源、自然景观资源和高投资回报率吸引了大量投资客群。尽管上海楼市自2010年初即面临调控阴霾，但豪宅市场依然保持较高热度。针对房地产领域投资投机过热触发“高房价”的深层矛盾，“新国十条”冲击力在住宅市场中迅速显现。在供求全面低迷、价格局部松动的背景下，豪宅交易却呈现出独有的抗冲击特性，交易流量成功实现“缓冲过渡”。同时豪宅内部细分产品出现两极分化，初级产品价格松动成交放大，中段产品陷入观望，顶级豪宅则选择弃量保价。

6.1 上海豪宅市场版图

虽然豪宅所占市场份额较低，但分布较广，本文将按物业类型、价格水平，选取5个标杆豪宅圈做侧重研究（详见下表6-1）。上海市中心城区和外围豪宅圈分布可参见图6-1。

上海市典型豪宅圈及楼盘代表（2010年）　　表6-1

豪宅圈	平均价位（万元/m^2）	板块主流产品	典型楼盘代表
滨江	7.5～10.5	高端公寓	汤臣一品、世茂滨江、外滩九里、黄浦湾
新天地	7.5～10.5	高端公寓	翠湖天地、淮海晶华苑、兰馨公寓
佘山	6～9	独栋别墅	佘山高尔夫、上海紫园、中凯蔓茶园、世茂山庄
西郊	8～9	独栋别墅	檀宫、西郊明苑别墅
花木	8～10	独栋别墅、联排别墅	九间堂、四季雅苑、御翠园

资料来源：上海中原研究咨询部。

鉴于不同类别豪宅在新政下表现出截然不同的走势，上海中原研究咨询部按照不同价位标准，将豪宅细分市场划分顶级豪宅、高级豪宅、中级豪宅、初级豪宅四大类（详见表6-2）。

上海市豪宅市场类别划分（2010年）　　表6-2

豪宅类别	价位划分标准
顶级豪宅	别墅：≥4000万元/套 公寓：≥10.5万元/m^2
高级豪宅	别墅：3000～4000万元/套 公寓：8.5～10.5万元/m^2
中级豪宅	别墅：2000～3000万元/套 公寓：6.5～8.5万元/m^2
初级豪宅	别墅：≤2000万元/套 公寓：≤6.5万元/m^2

数据来源：上海中原研究咨询部。

图6-1　上海市豪宅分布版图（2010年）

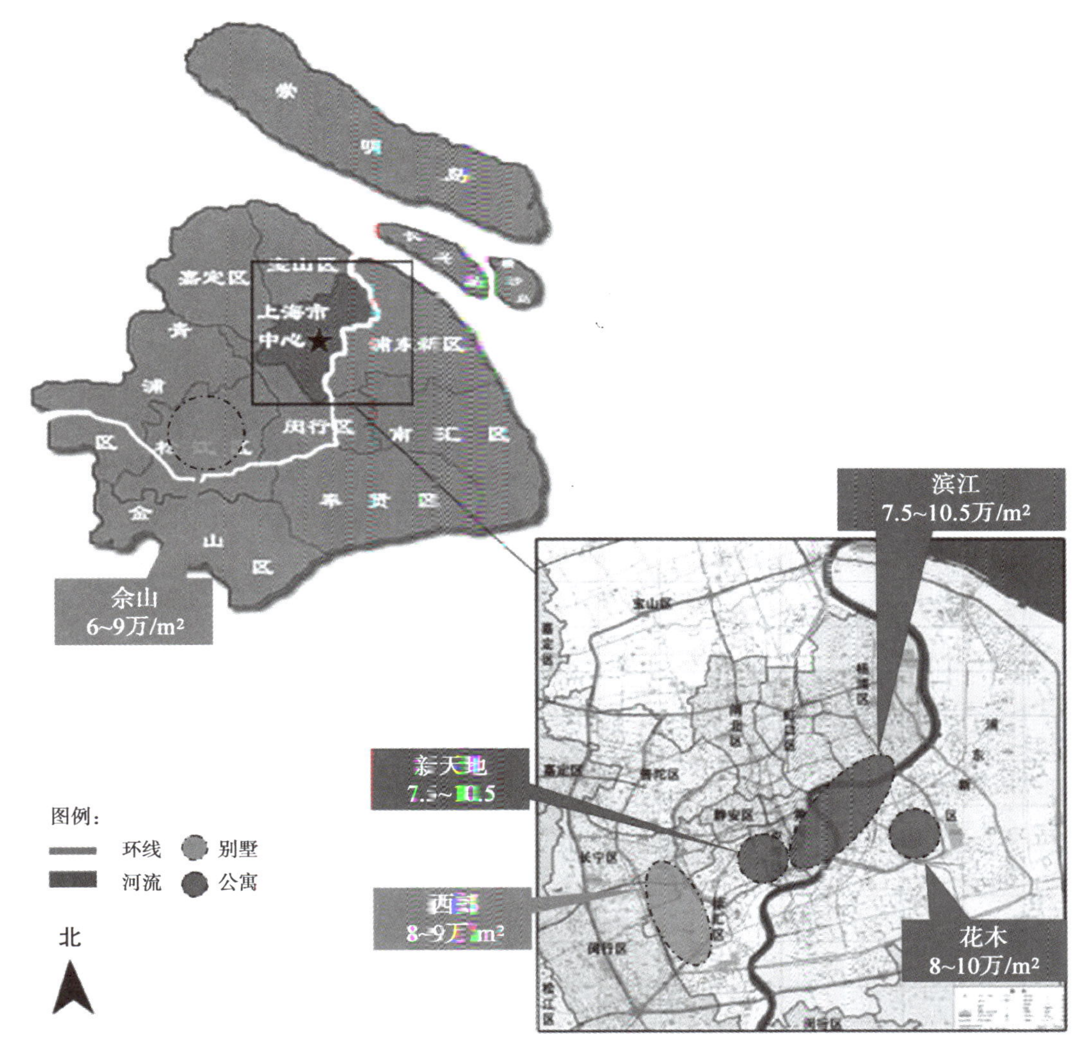

资料来源：上海中原研究咨询部。

6.2 豪宅整体交投遭重创

楼市在“新国十条”后陷入僵持，沪上豪宅新增供应迅速下降、成交量也一再下挫。连续三个月供大于求之后新增供应归零，市场进入全面调整期。受交易结构向下转移与初级豪宅价格松动的双重影响，豪宅市场成交均价连续三个月环比下滑，由4月份的8.44万元/m^{2}下降至7月份的6.32万元/m^2（详见图6-2）。

图6-2　上海市豪宅市场月度供求量价走势图（2010年1月～2010年7月）

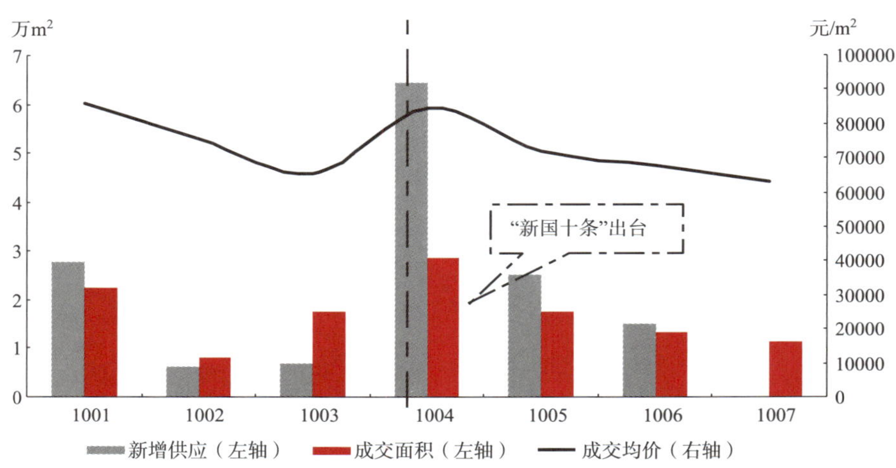

数据来源：上海中原研究咨询部。

然而，在新政前后的对比中，豪宅短期应对市场利空的"抗震"能力相对较优，交易量下挫的谷底被明显延后，短期内反弹力明显强于普通住宅。

图6-3　上海市豪宅与普通公寓每周成交面积模拟对比图[①]（2010年1月4日～2010年8月1日）

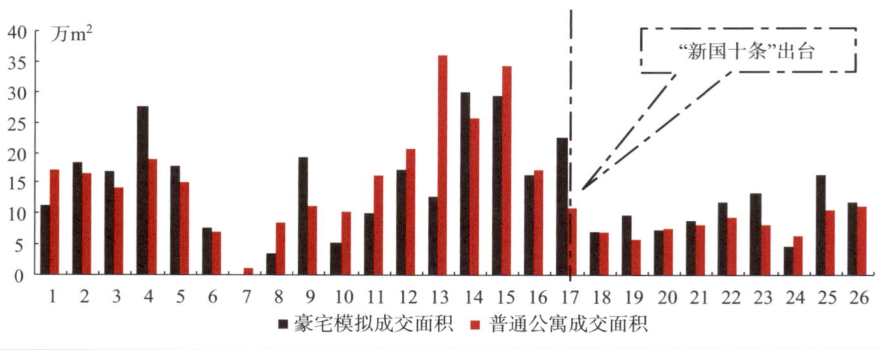

数据来源：上海中原研究咨询部。

新政实施前，普通住宅成交旺盛，"小阳春"热度明显高过豪宅。"新国十条"出台前夕，业内外新一轮调控风声已然四起、敏感捕捉先机的投资客已先行转战豪宅"避风港"，豪宅市场成交迅速攀升，至第14周攀至峰值。新政后1个月，楼市全线震荡下挫，豪宅迟于普通住宅一周后沦入交易低谷。在应对新政利空乍袭时，豪宅市场短期"抗震"功能得以发挥。新政后2个月，普宅、豪宅交易量环比先后反弹，而后者势头更显强劲。第20周～第26周，在部分刚需入市的带动下，普通公寓引领交易率先弱幅反弹，豪宅大步跟进，并在第25周达至阶段性峰值。

① 为便于剖析"新国十条"出台前后普通公寓与豪宅市场成交量变化趋势，上海中原研究咨询部设定2010年第一周（2010年1月4日～1月10日）作为对比起始点，同时依据2009年普通公寓与豪宅全年成交量比值34.8：1，将豪宅市场周度成交量放大34.8倍，获得两者模拟对比图形（详见图6-3）。

6.3 豪宅供求双降　细分产品表现不一

根据研究发现，不同价位豪宅产品表现迥异，与其供应增减及内部结构性调整关系密切。低价位豪宅的区域集中供应造成产品竞争加剧，诱发部分价格松动，而占据优势地理位置的豪宅仍能脱颖而出；中级豪宅的成长性和高级豪宅的稳定性彼此依存，在新政调控交易量收缩的背景下保持此消彼长态势；顶级豪宅作为高端物业标杆屹立不倒，这类豪宅大多由品牌开发商开发，他们定价策略坚定明确，与市场信心的恢复不无关系。

图6-4　上海市不同类别豪宅成交占比走势图（2010年1月～2010年7月）

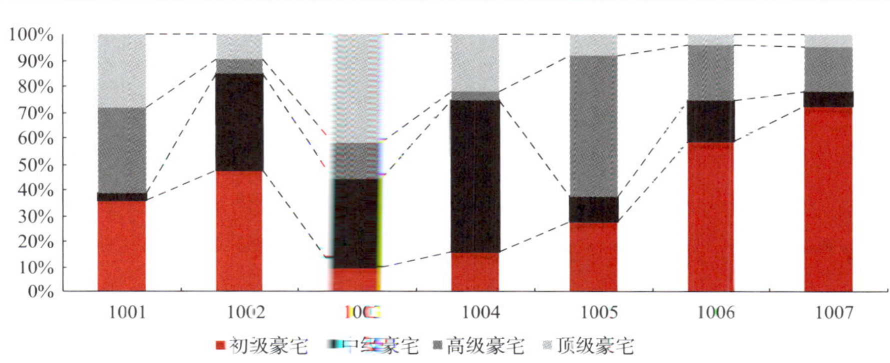

数据来源：上海中原研究咨询部。

6.3.1 初级豪宅交易骤增　个案价格小幅松动

初级豪宅作为豪宅市场的基底支撑，此轮新政调控下交易量不降反增。供应量充裕加之低总价产品优势，使得初级豪宅在逆市中颇受投资客追捧，成交面积逐月增加，由4月份的0.46万m^{2}激增至7月份的0.83万m^2，其豪宅占比也逐步攀升。据上海中原研究咨询部监测数据显示，2010年4月始初级产品在全市豪宅中的成交比重逐步攀升，4月仅为16.06%，进入5月份后，其占全市比重小幅提升至27.53%，6月份占比大幅增至58.34%，7月份高达72.22%。

公寓类产品供应相对旺盛、市场竞争加剧，部分楼盘价格松动明显。如初级产品较为集中的南滨江豪宅圈，“香港新世界花园”、“华丽家族汇景天地”大体量集中上市，成交价格出现小幅下滑。据上海中原研究咨询部监测数据显示，5月份“香港新世界花园”成交14套、均价6.16万元/m^2，6月份成交降至4套、均价亦下滑至5.55万元/m^2，7月份成交再度下挫至2套、均价低至5.35万元/m^2。此外，同一辐射区域的“尚海湾豪庭”7月份成交6套、均价4.9万元/m^2，环比4月份分别减少57.14%、5.93%。

6.3.2 中级豪宅量缩价升　公寓单价涨幅突出

中级豪宅在此轮调控中呈现量缩价升态势，成交量在价格普遍升级的前提下急剧收缩，不同物业均显大幅下滑。据上海中原研究咨询部监测数据显示，4月、5月、6月、7月中级豪宅成交面积分别为1.68万m^2、0.17万m^2、0.21万m^2、0.07万m^2，呈震荡下滑态势。

相比之下，该类价位豪宅产品价格升级现象突出，公寓单价涨幅相对突出。以位于淮海中路板块的“兰馨公寓”为例，新政前三周成交53甲号小高层成交1套复式单元、单价7.12万元/m^2；新政后四周成交同幢同楼层复式单元1套、单价11.58万元/m^2，较前一成交单元价格涨幅高达62.66%。再如“绿地浦晖国际中心”，新政前六周成交1套高层大面积单元、单价7.29万元/m^2，新政后五周同幢下降一楼层成交1套中等面积单元、单价10.07万元/m^2，较前一成交单元价格涨幅高达38.11%。此外，陆家嘴滨江板块的“世茂滨江花园”、北外滩板块的“白金湾府邸”等交易价格均增长明显，同升高级豪宅之列。

别墅产品如位于花木板块的“四季雅苑”4月份成交15套、套均总价2979.07万元，5月份交易下滑至5套、套均总价降至2691.19万元，6月、7月的交易继续下滑至1套、2套，套均总价上升至3000万元以上，突破中级豪宅界限。

6.3.3 高级豪宅供求释放 短期价格平稳

别墅类产品表现相对出色，成为高级豪宅交易上升的主力支撑。据上海中原研究咨询部监测数据显示，2010年4月、5月、6月、7月的别墅成交面积分别为0.03万m^2、0.94万m^2、0.09万m^2、0.14万m^2，占高级豪宅的交易比重分别为31.39%、97.50%、29.72%、67.79%。其中4月底5月初，高级豪宅别墅批量供应上市，形成短期内集中释放高潮。如4月30日位于马桥板块的“绿城玫瑰园”上市0.56万m^2、11套房源，直接推动5月该案成交面积0.44万m^2、8套房源。

6月份后，由于豪宅潜在客群和开发商都陷入观望，短期内高级豪宅产品新增去化相对平稳，交易价格波澜不惊，如“绿城玫瑰园”成交价格基本保持在7.2万～7.5万元/m^2，位于松江佘山板块的“中凯曼荼园”始终在7.83万～7.87万元/m^2之间波动。

6.3.4 顶级豪宅弃量保价 力撑“价格领袖”大旗

顶级产品交易走冷，公寓产品短期表现相对出色。如顶级豪宅“汤臣一品”自2008年雄居上海豪宅首席以来，始终站在风口浪尖。2010年新政前夕“汤臣一品”8号楼成交1套大面积高层单元，单价18.54万元/m^2，约两周后同幢同面积单元下降10个楼层再成交1套、单价18.95万元/m^2，较前一成交单元价格涨幅达2.23%。7月后，“汤臣一品”暂陷零成交僵局。

值得关注的是，位于南滨江板块的“华润外滩九里苑”自2010年2月以来，由于定位及策略调整，交易曾一度停滞。但在新政深度消化期却打破僵局，价格在大幅调高后仍得到相关客群的青睐。7月成交2套、均价11.21万元/m^2，环比2月份6.24万元/m^2的成交均价，涨幅达到79.65%。截至8月24日，该案又新近成交4套、均价10.52万元/m^2，仍位列顶级豪宅巅峰。据调研显示，该案的消费群体主要来自于江浙等异地客户，生意人居多，他们对收藏上海滩稀缺的滨江豪宅饶富兴趣，并看好该案的长期升值空间。

6.4 后市观察：信心主导豪宅走向

从市场表现来看，豪宅产品虽并不能完全屏蔽“新国十条”的打击，但它在短期交易指标上仍较普通住宅表现得更具稳定性。各类别豪宅中，初级和顶级豪宅由于定位清晰、策略可控，使得供求关系相对明确，成交基本能够紧跟供应节奏；而中间层级的豪宅则较容易受到两级豪宅的竞争和干扰，并引起市场观望。这也使得近期豪宅交易结构不断向上下游转移。

尽管目前豪宅存量存在一定程度的积压，鉴于豪宅产品历来主张饥渴营销，稀缺惜售概念根深蒂固，存量因素并不会成为价格松动的导火索。此外，豪宅消费群体资金流转空间较大，信贷紧缩给消费带来的实质性遏制有限，眼下交易收缩多出于心理因素，适当的销售和价格策略均有可能于逆境中化被动为主动，重新赢得豪宅客户的信心。

与以往不同，本次政策调控更多着眼于深度变革。高处不胜寒的市场压力，使得豪宅项目资金流策略同样趋于保守化。低价开盘未必常见，但增加产品附加值、稀缺房源“亮家底”等仍不失为价格逆势上行的备选方案，而且部分项目已经在操作。在楼市调控时间预期拉长，政策切入加深发展的背景下，维持价格形象不变进行价值填充的营销模式有机会扩散发展。

第7章　竞争格局转变　城市别墅价值彰显

上海中原研究咨询部　龚　敏/王丽华

2010年“新国十条”使楼市全面遇冷，曾凭借“禁地令”坚挺数年的别墅市场成交也大幅回落，连续三个月节节下挫。纵观各板块别墅市场，在区位价值发掘及城市规划进程作用下仍显冷热不均，价格走势波澜起伏。相比豪宅别墅的曲高和寡、经济型别墅的配套短缺及“90墅”的空间局促而言，城市别墅依赖其天然地段优势及城市规划的逐步落实，在新政冰川期仍显暖意融融，其区位价值日益体现。

7.1 产品形态细化　城市别墅日渐成型

上海别墅市场经历多年发展，已经形成针对社会顶尖阶层的豪宅别墅、针对中产阶层的经济型别墅、针对城市新富阶层的城市别墅、针对中等收入阶层的“90墅”（详见表7-1）等不同需求的小众客户圈层。

城市别墅在近几年迅速发展，经历了起步、蓬勃及稳步发展三个阶段。2005年～2006年，是上海城市别墅市场的起步阶段，经过两年的重点开发、建设和策划推广，上海城市别墅首次实现了由交易量至交易价格的先后突破。2007年～2009年，是城市别墅的蓬勃发展期，城市别墅的产品线基本形成，其市场形象也日益清晰，如浦西中环附近，宝山万里板块的“大华蓝郡”、大场板块的“大华梧桐城邦”，普陀桃浦板块的“复地美墅”、“祥和星宇花园”以及闵行古美罗阳板块的“万源城”等，浦东中环附近则有北蔡板块的“大华锦绣华城”、“海上国际花园”，三林板块的“金地湾流域”等；步入2010年后，城市别墅在2009年的版图上得以持稳巩固，即使在“政策市”洗礼下，市场交易量也保持基本稳定，价格增长态势明显。

上海市主要别墅产品形态及典型板块代表（2010年）　　表7-1

别墅产品形态	概念特征	典型板块	典型项目
豪宅别墅	特指位于城市外围区域、以自然景观优势为最大价值依托点、面对高端买家的大面积独栋别墅	佘山板块、淀山湖板块	佘山高尔夫、中凯蔓茶园 佘山东紫园、上海晶园 海源别墅、涵璧湾花园
经济型别墅	特指位于城市外围区域、以中等面积、中低总价为最大特点、面向面积改善型客户的过渡性别墅，以联排别墅产品为主	松江泗泾、闵行颛桥、青浦新城	泗泾颐景园、合生国际花园 山水四季城、复地北桥城 万顺水原墅、招商雍华苑二期 帕缇欧香苑二期、新城盛景园 仁恒运杰河滨二期
90墅	特指位于城市外围区域、小面积（一般单元面积$90m^2$左右）为最大特点、面向首次置业者的低总价联排别墅	松江新城、浦东惠南、宝山杨行、崇明陈家镇	松江名邸一期、圣芭芭花园二期 布鲁斯小镇一期、绿地宝里
城市别墅	指居于中外环间、距市中心半小时车程，面向城市新富阶层的品质改善型别墅。多依托较为完备的城市基建设施及生活商务配套，多与中密度产品结合开发，为综合性大盘中的最高端产品	宝山大场、浦东三林、张江、闵行金虹桥、古美罗阳	大华梧桐城邦、锦秋花园、金地湾流域、美林别墅、明泉江南苑、东苑古龙城

资料来源：上海中原研究咨询部。

7.2 调控风暴来袭　城市别墅逆势走俏

新政当月始，别墅市场走势急转直下，连续四个月供大于求。受产品结构调整的影响，别墅成交价格有较大波动，5月攀升至35115元/m²后已走下滑，6月降至27906元/m²，环比下挫25.83%，7月份微幅回升至28733万元/m²（详见图7-1）。对比各类别墅市场，成交量价起伏各有不同（见表7-2）。

图7-1　上海市别墅市场供求量价走势图（2009年1月～2010年7月）

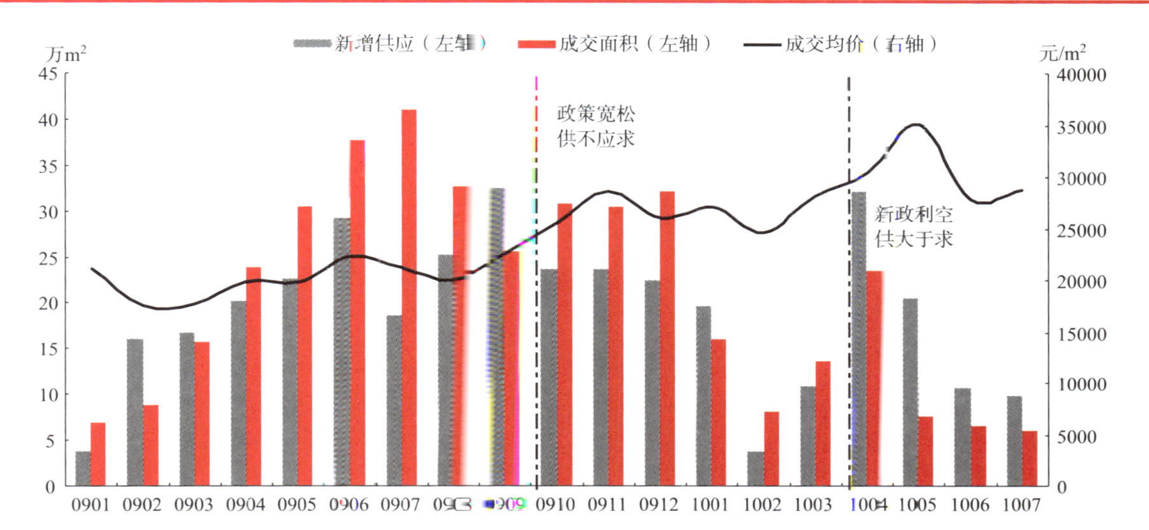

资料来源：上海中原研究咨询部。

上海市典型别墅项目成交量对比（2009～2010年1～7月）　　表7-2

别墅板块及类型	成交面积（m²）		成交均价（元/m²）	
	2009年	2010年1～7月	2009年	2010年1～7月
松江佘山豪宅别墅	72795	29930	59878	53117
淀山湖豪宅别墅	6068	2057	49119	39944
宝山大场城市别墅	28269	6426	20752	20826
浦东三林城市别墅	37711	15276	27969	43440
松江泗泾经济型别墅	240503	44820	15980	18030
闵行颛桥经济型别墅	131196	32328	24276	27645
松江新城90墅	28939	20015	21436	24219
惠南90墅	0	13265	0	19815

资料来源：上海中原研究咨询部。

7.2.1 豪宅别墅交易走冷　或显“有价无市”

豪宅别墅新政前后虽有价格小幅波动，但整体仍保持着低量成交、价格缓升的市场走势。2010年来，豪宅别墅集中表现在松江佘山和淀山湖板块，代表楼盘有“佘山高尔夫”、“中凯蔓茶园”、“海源别墅”和“涵碧湾花园”等。限于别墅用地停批及区域资源稀缺，此类纯独栋高端别墅近年来一直供不应求，加上产品制作精良，开发商惜售心态浓厚，豪宅别墅自然定价高昂。然而，受政策及市场信心影响，2010年的豪宅市场交易较2009年略显低迷，市场流量的紧缩直接体现为交易趋冷，相关板块市场均呈现“有价无市”的局面。

7.2.2 经济型别墅降价促销　交易小幅回升

经济型别墅在此轮调控中反应敏感、交易量受挫显著，资金回笼压力驱使价格下调。在松江泗泾、闵行颛桥、青浦新城等典型区域，主流楼盘较新政前均有不等幅度的价格下滑。如区域销售冠军“松江泗泾园”2010年3月份成交12套、均价1.8万元/m^2，4月成交套数下滑至11套、价格跌至1.37万元/m^2，此后月度交易继续下挫、价格乏力，直至7月份价格再度下滑至1.35万元/m^2，交易量才回升至9套。此外，区域销售冠军“复地北桥城”和“帕缇欧香苑二期”7月份最新交易价格分别为2.66万元/m^2、1.73万元/m^2，环比4月份仍有9.46%、2.09%的价格跌幅。

7.2.3“90墅”区域迥异　价格大起大落

“90墅”由于产品特别、所属区域迥异，产品稳定性不强，短期内价格涨跌步调不一。如位于浦东惠南的“布鲁斯小镇”价格下滑明显，2010年4月份成交98套、均价2.03万元/m^2，而5月份成交降至19套、均价下滑至1.97万元/m^2，6月份继续保持下行态势。再如位于松江新城区域的“绿地松江名邸一期”，2010年1月份成交价格仅2.26万元/m^2，然而4月份却增长至2.67万元/m^2，但5月份价格又再度回落至2.53万元/m^2，仍体现出较大的不稳定性。

7.2.4 城市别墅量稳价升　有望继续走强

城市别墅在新政背景下自我调控能力显现，由于不受纯别墅用地的政策强制约束，供应的相对弹性仍将使量稳价升态势延续。以三林板块为例，2010年上半年在售项目主要为“美林别墅”和“金地湾流域”两个项目。其中，“美林别墅”存量仅为22套，2010年3月份交易2套、均价4.41万元/m^2，4月份交易上升至7套、均价增至5.99万元/m^2，环比增幅高达35.78%；“金地湾流域”存量为43套、供应相对充裕推动近一个月来价格走势渐强，7月份最新成交5套、均价4.08万元/m^2，环比6月份增加4套，价格上涨3.64%。此外，6月底“盛世天地”的上市，成为该区域别墅后市有力补充。

综合比较各类典型别墅的市场表现，城市别墅市场价值在此轮调控大势下初次凸显。从市场有限供应量和产品竞争绝对优势上来看，城市别墅有望成为2010年继豪宅别墅之后的第二稀缺产品，后市升值潜力较大。

图7-2　上海市典型别墅个案价格环比增幅对比（2010年1月～7月）

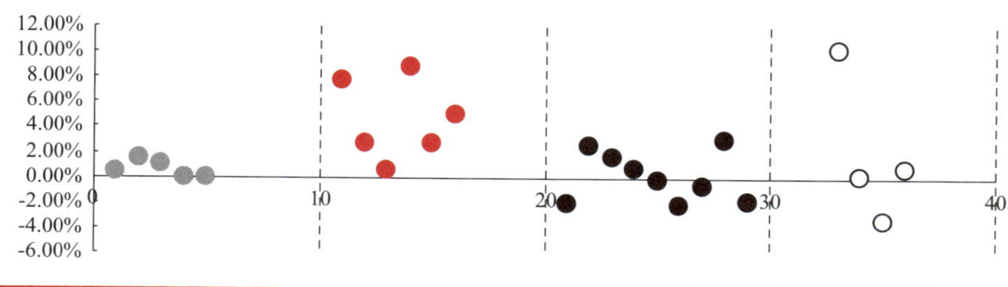

资料来源：上海中原研究咨询部。

7.3 产品区位优势　城市别墅价值凸显

7.3.1 稀缺性明显　升值潜力大

区域的稀缺性加之产品价值明显，使得城市别墅价格走势表现出众。结合区域典型城市别墅个案特征来看，其突出的市场表现均与区位优势和产品稀缺性密切相关。以“大华梧桐城邦”为例，首先，宝山大场居于中外环间，随着中心城区地块开发成本日益提升，中外环间开发优势不断凸现，加上城市规划外延、道路轨交完善、教育商业等配套设施成熟等因素助推，使得宝山大场区位优势日益突出；其次，目前板块内以中高端公寓供应为主，而别墅产品除该案外仅‘锦秋花园”少量在售，因此，该产品又具有相当的稀缺性。2009年4月该案联列别墅产品成交价格仅为1.94万元/m^2，7月份已攀升至2.28万元/m^2，12月升至3.66万元/m^2，2010年2月份再升至3.81万元/m^2，顺利实现三连跳，一年不到合计环比增幅高达96.36%（详见表7-3）。

此外，从产品层面上来说，城市别墅兼应了豪宅别墅的尊贵和经济型别墅的实用特点，也成为其逆势走俏的原因。以金地湾流域为例，一方面拥有豪宅级产品的12米大面宽和全石材外立面，同时又在250m^{2}以内创造出高附加值的居住空间，并享有大社区完备的教育、商业配套；这种“身份感”与“实用性”的结合考虑十分符合新富阶层的价值观，因此广受城市新富阶层的青睐。

因此，只要别墅“禁地令”不松口，别墅供应总量仍趋于紧缺，短期别墅市场尤其是城市别墅的稀缺性只会更加明显，升值潜力愈发强劲。

上海市典型城市别墅个案解析（2010年）　　表7-3

典型个案	大华梧桐城邦	金地湾流域	东郊紫园
区域板块	宝山大场	浦东三林	浦东张江
环线轨交	中环，M7	中环，M6、M11（在建）	中环申江路、M2
占地面积	22万m^2	12.5万m^2	9.73万m^2
建筑面积	32万m^2	26万m^2	6.22万m^2
物业组成	联体别墅、独立别墅、小高层住宅	双拼别墅、电梯洋房、14层景观大平层以及小户型	纯独栋别墅
主力户型	197～239m^{2}联列别墅	235～250m^{2}联列别墅	约240～360m^2
周边配套	学校：大华小学、交华中学、行知实验中学、博士蛙幼儿园、小蜗牛幼儿园 综合商场：乐购、大润发大华店、红星美凯龙、百安居 银行：农业银行、中国银行、工商银行、招商银行 医院：同济医院大华门诊 人寿堂药店	学校：三林小学、明珠小学，三林中学、上南中学等市/区重点学校 超市/大卖场：家乐福、沃尔玛、易初莲花、世纪联华、易买得、好又多等六大卖场，以及华联吉买胜、联华超市、家得利、农工商等中型超市。 中房七彩生活中心（在建）	学校：孙桥镇中心小学 综合商场：联华超市、华珠购物中心 银行：农业银行、工商银行、中国银行 其他：东郊国宾馆、汤臣高尔夫球场，东郊紫园会所
景观资源	规划有3.1万m^{2}的欧式现代景观园林、1万m^{2}的大型运动休闲主题公园	中汾泾、三林港原生河岸，三林公园	孙桥文化公园
主要客户	宝山、普陀等周边区域置换型客户为主，中心城区客户	陆家嘴、张江、金桥等区域企业高管，本地置换客户，杨浦、黄浦等市中心居民	外籍人士，新兴富裕阶层，知名企业高管

资料来源：上海中原研究咨询部。

图7-3　上海市城市别墅未来分布版图

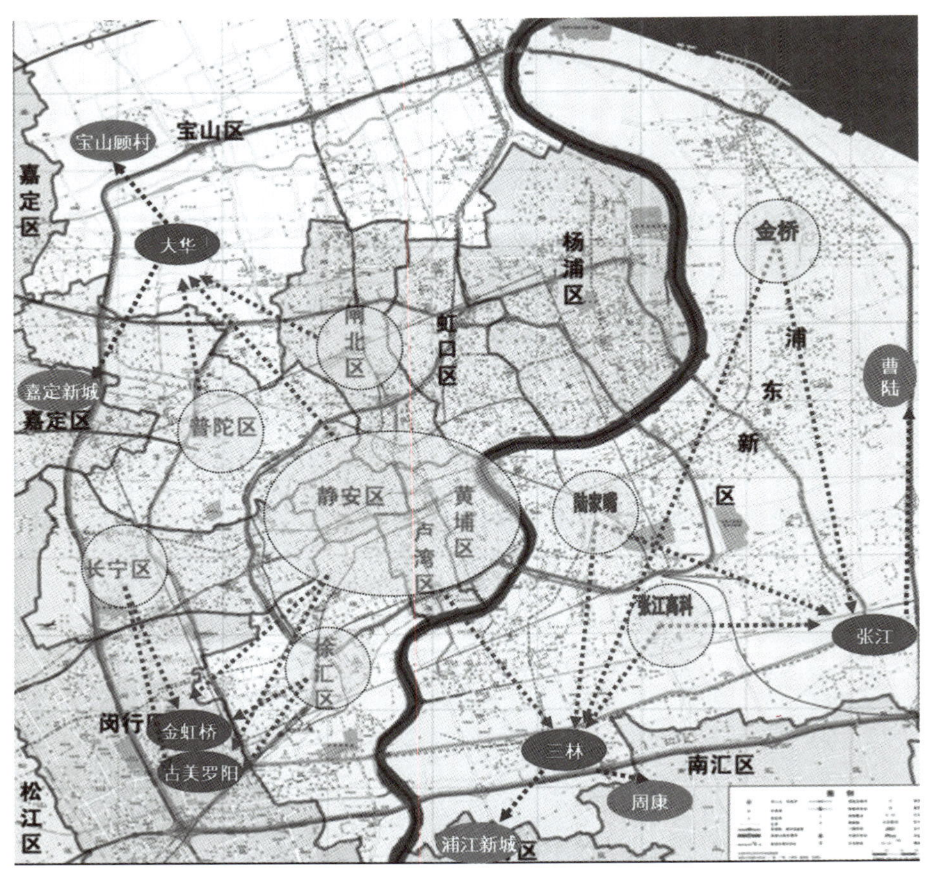

数据来源：上海中原研究咨询部。

7.3.2 城市快速发展　城市别墅版图外扩

城市别墅优势突出，地段的稀缺性及城市的延展性构成其核心价值点。从供应来看，中环附近以公寓产品为主，而公寓和少量别墅结合的综合性大盘数量较少，城市别墅的局部稀缺性日益显现。而且城市别墅多处于城市发展的主要轴向或重要节点，借助城市规划布局，较之外围区域别墅具有更好的成长价值。

2009年至今，城市规划实施直接推动区域价值凸显。继前一轮上海市南北纵横开发基本完备之后，新一轮东西贯通建设如火如荼。2009年南汇并入浦东、"两个中心"确立、迪斯尼落户川沙直接带动大浦东区新城镇兴起；"大虹桥"枢纽工程、城际高铁、长三角大聚合必将助推浦西产业经济人口陆续导入，而2010年上海世博会的召开直接促进全方位城市基础设施及交通轨道建设步伐加快。

城市别墅概念也在不断外延。如外围区域包括外郊环、新城镇如新浦江城、嘉定新城乘规划大势崛起，部分优质别墅产品如"华侨城"、"龙湖郦城"不断涌现，有望成为后续城市别墅市场的资源支撑。依托城市开发，城市别墅圈顺势延伸，迎来新的发展机遇。

第8章　促销战火点燃楼市

上海中原研究咨询部　龚　敏/吴　依

在持续的楼市僵局中，交易价格最终将因成交量的长期低迷而出现调整，这在2008年及2010年调控历程中都有充分体现。而在不同的发展阶段，价格调整尺度与方式各不相同，不同企业也会采用不同的促销方式，而促销方式及力度也预示着市场的下一步走向。

2010年调控初期，供求双方交易意愿迅速下滑，购房者观望气氛加剧，成交量呈现低迷态势。应对迅疾而猛烈的楼市寒潮，恒大、绿地等少数开发商伺机而动，及时做出楼盘促销举措，并带动了楼市促销风潮的蔓延。7月及8月份，多重促销模式齐齐上阵，有高调促销，也有直接低价推盘。但随着调控政策逐渐消化，多数项目的综合优惠力度都在5%以内，造噱头成分居多，促销诚意有限。尽管部分上市公司年报显示资金链条趋紧，但营销手段上的“矜持”更清晰的透露出楼市局面距离真正调整还有很远。

8.1 楼市四年风雨跌宕　促销与调控结伴而行

8.1.1 政策风向连续摇摆　后续调控或将加码

图8–1　上海市住宅供求及价格走势图（2007年1月～2010年6月）

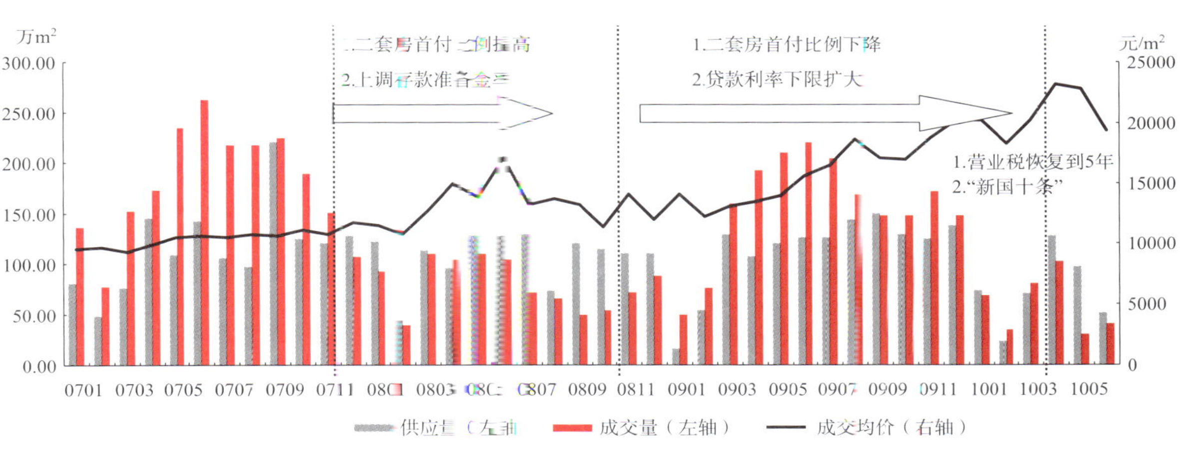

数据来源：上海中原研究咨询部。

2007年～2010年，国内房地产业基本以2年为一个周期，经历了高潮与低谷之间的频繁摇摆。上海作为国内房地产市场最为成熟的领军城市之一，充分演绎出调控与市场交替主导下的起伏跌宕，其一举一动成为国内楼市的风向标。2007年上海楼市表现得异常火爆，呈现出较快的发展态势；2008年市场在世界整体经济形势低迷的波潮中开始走低，政府开始不断出台稳定和促进房地产市场健康发展的政策。2009年在“救市”政策和重大规划利好的影响下，由年初短暂低迷过后迅速上扬，其火爆势头一直延续到年尾；进入2010年，虽然在市场周期、调控预警的多重作用下流量收缩，但房价仍不断飙升，逼迫政府出手控市，楼市进入盘整。

2010年调控则重点抑制不合理住房要求、增加住房有效供给和加强市场监管。不同市场，不同策略，夹杂着金融风暴的冲击，调控政策的间歇性反复，调动着整个楼市的神经。尽管调控推进已数月，但供求僵持局面的破冰点尚未出现，在此情况下，抑制房价过快上涨的政策将会持续深入。

8.1.2 低迷楼市　再度涌现促销潮

图8–2　上海市典型楼盘促销情况（2007～2010年）

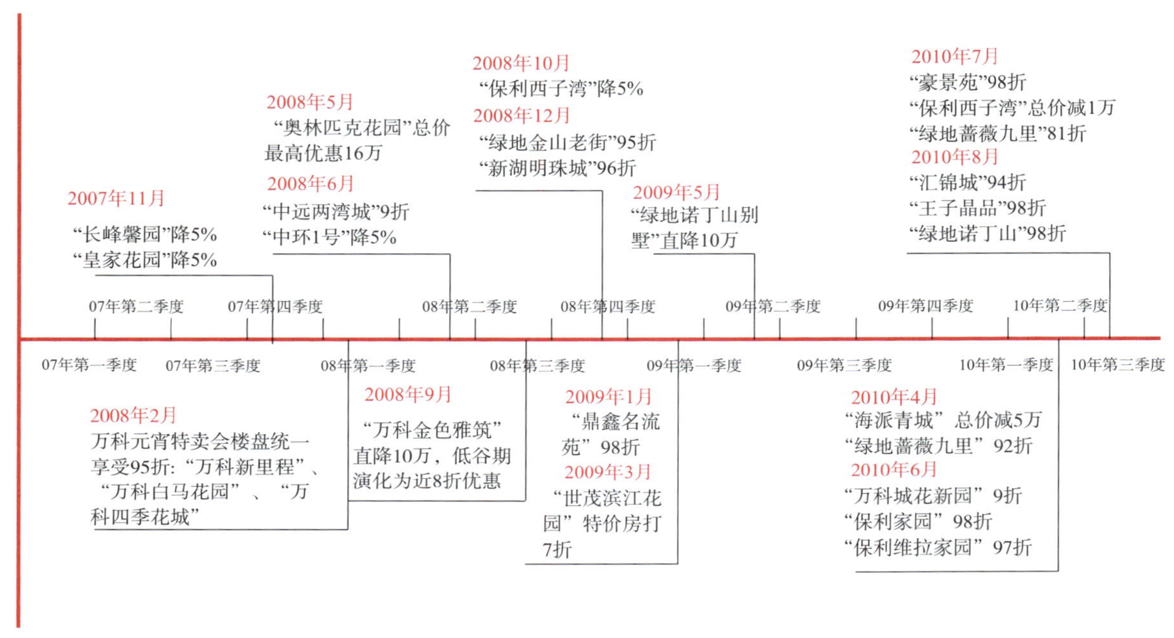

资料来源：上海中原研究咨询部。

虽然2007年上海楼市相对火热，但在年底楼市已经出现衰退迹象，并出现少数楼盘打折的局面，如“长峰馨园”、“皇家花园”等项目推出5%左右的直接价格优惠。进入2008年后，金融危机的影响扩散，上海楼市成交量锐减，因此楼盘促销现象逐渐增多，力度也不断加大。全年促销以万科元宵节特卖为开端，5月份起促销明显发力，“奥林匹克花园”总价最高优惠16万元；6月份，“中远两湾城”则打出9折优惠。7～8月份上海打折风潮继续加深，万科依旧屹立潮头，旗下“新里程”优惠收尾之后，“金色雅筑”项目在总价基础上直降10万元，个别房源优惠幅度更逼近8折，总价优惠近30万元。浦东地区“大华锦绣华城”、“绿地崴廉”公寓等项目纷纷跟进，同期在售的“金地未来”、“湾流域”等项目也对应进行“增配保价”调整，联手奏出2008年上海降价促销最强音。在持续促销拉动下，2008年第四季度成交量逐步反弹，同期政府也开始释放“救市”信号，于是开发商降价尺度开始回收。2009年1季度，“世茂滨江花园”少数特价房最高折扣为7折，基本上宣告了2008年以来优惠风潮的结束。

2010年调控政策陆续来袭，成交量再次跌入谷底。第二季度新政出台后，房价高位盘整，各种楼盘促销打折再次浮出水面，并呈现不断蔓延之势。先是绿地、万科、保利等品牌企业旗下项目积极引领市场降价，并最终带动“汇锦城”、“王子晶品”、“豪景苑”等其他项目的跟进。从力度上来看，目前多数降价楼盘的综合优惠幅度都在5%以内，这与2008年初有一定相似性，但力度上稍显偏弱。

对比2008年与2010年各类促销楼盘及其促销时间段，可以发现，打折风的刮起，均由品牌开发商引领，并且普遍表现积极。万科、大华、绿地、保利等著名房企都分别在不同阶段对旗下楼盘进行不同方式的促销，除了能让楼盘迅速跑量和企业尽快回笼资金外，也给其他开发商起到了表率作用。

对比分析历次楼市低迷期，开发商与购房者都上演多空博弈。开发商在茫然过后，纷纷将楼盘从暗折转变为明降，但优惠幅度与购房者预期仍有一定距离，直到市场进入深度调整期，开发商才愿意加大旗下楼盘的优惠幅度，使价格进一步下调，进而达到购房者心理预期，从而促成交易。

8.2 品牌房企姿态灵活　促销掌控有条不紊

两段楼市低谷期中，开发企业在降价节奏与尺度上均有一定的相似性。因此，在经历了2008年的市场洗礼之后，2010年开发企业在价格调整方面显得更加游刃有余。从促销活动成效对比上可以发现，价格调整背后往往蕴含着多重目的。

上海市典型楼盘促销效果分析　　表8-1

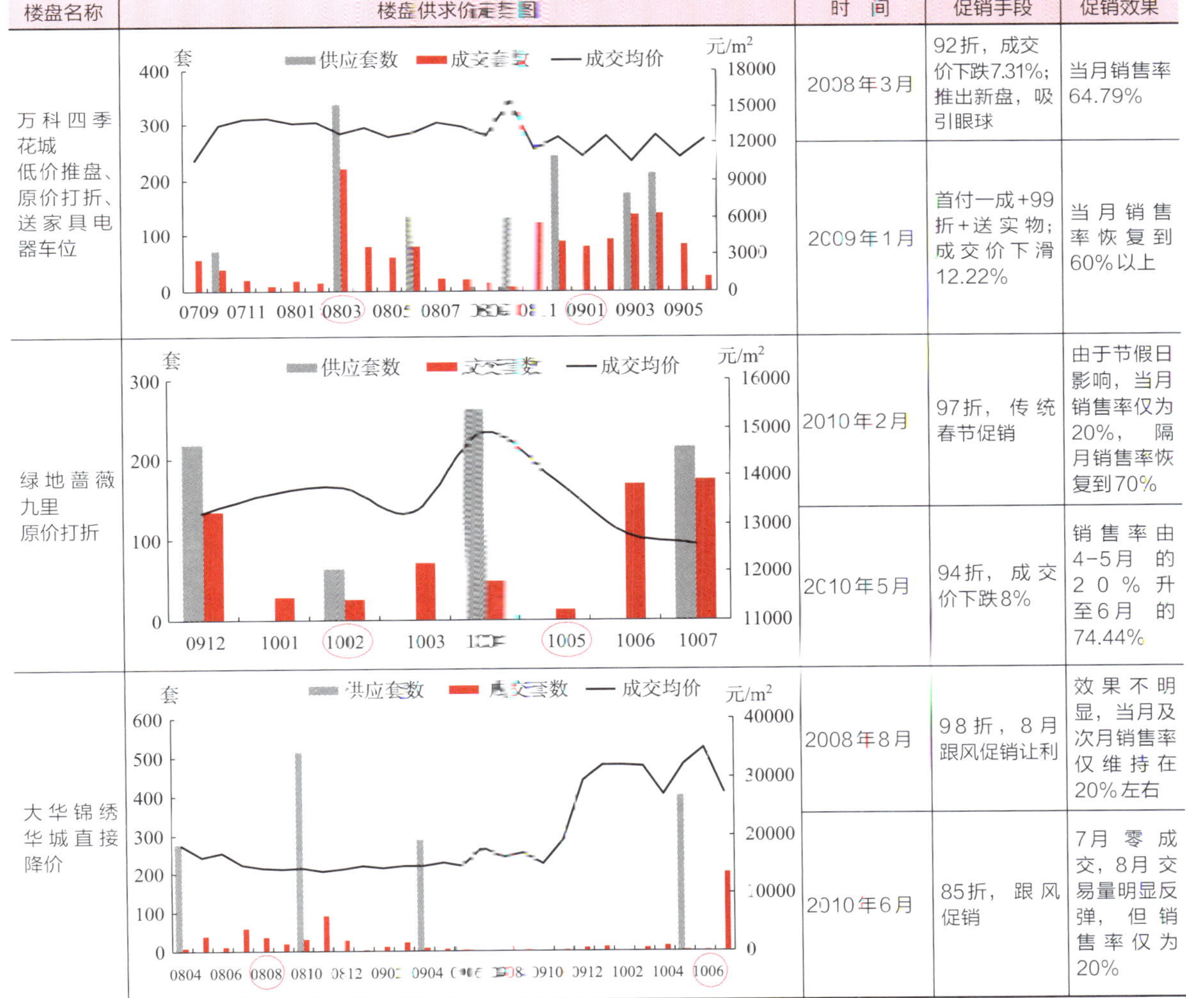

楼盘名称	楼盘供求价走势图	时　间	促销手段	促销效果
万科四季花城 低价推盘、原价打折、送家具电器车位		2008年3月	92折，成交价下跌7.31%；推出新盘，吸引眼球	当月销售率64.79%
		2009年1月	首付一成+99折+送实物；成交价下滑12.22%	当月销售率恢复到60%以上
绿地蔷薇九里 原价打折		2010年2月	97折，传统春节促销	由于节假日影响，当月销售率仅为20%，隔月销售率恢复到70%
		2010年5月	94折，成交价下跌8%	销售率由4-5月的20%升至6月的74.44%
大华锦绣华城直接降价		2008年8月	98折，8月跟风促销让利	效果不明显，当月及次月销售率仅维持在20%左右
		2010年6月	85折，跟风促销	7月零成交，8月交易量明显反弹，但销售率仅为20%

续表

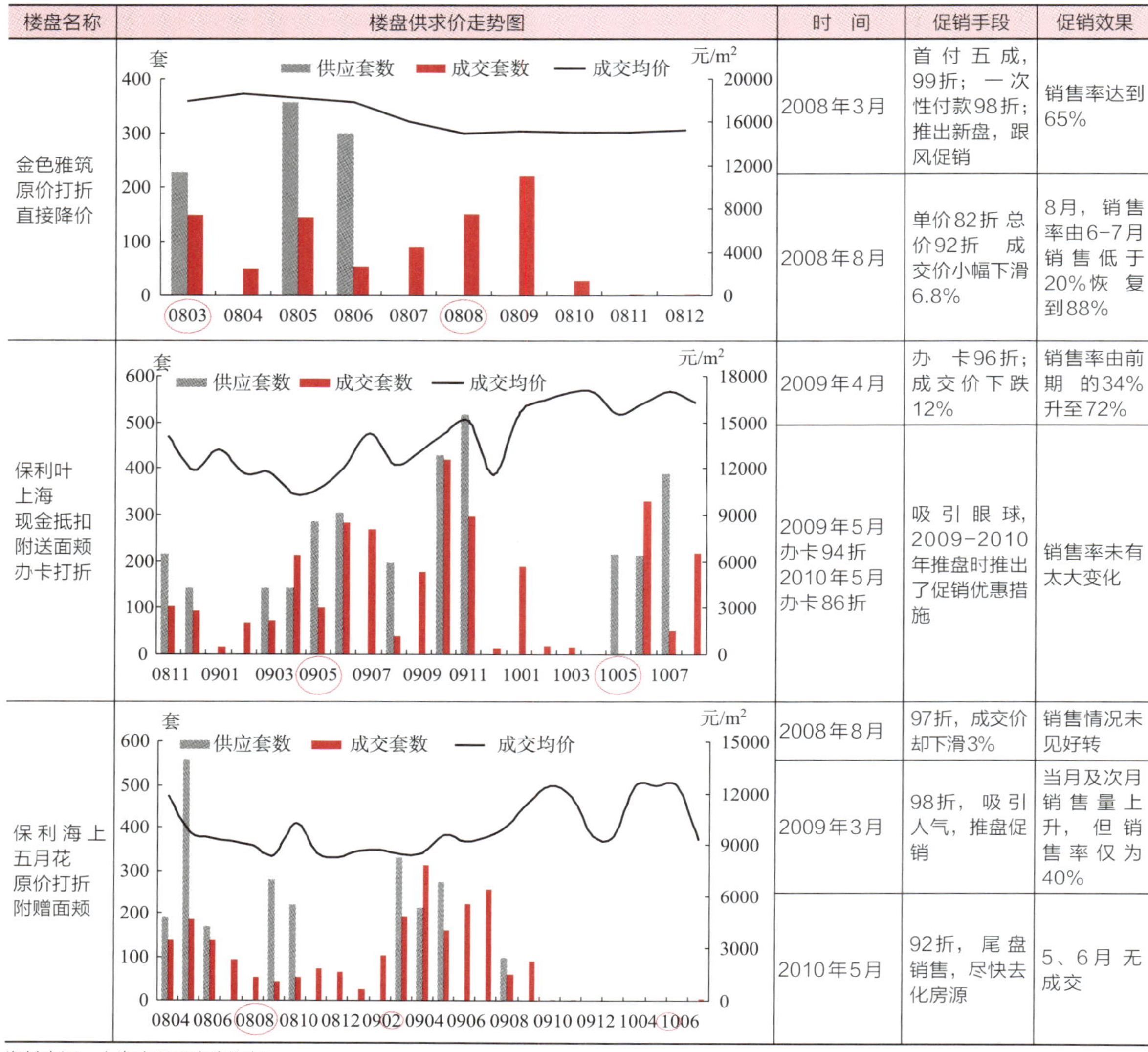

楼盘名称	楼盘供求价走势图	时　间	促销手段	促销效果
金色雅筑 原价打折 直接降价		2008年3月	首付五成，99折；一次性付款98折；推出新盘，跟风促销	销售率达到65%
		2008年8月	单价82折 总价92折 成交价小幅下滑6.8%	8月，销售率由6-7月销售低于20%恢复到88%
保利叶 上海 现金抵扣 附送面频 办卡打折		2009年4月	办卡96折；成交价下跌12%	销售率由前期的34%升至72%
		2009年5月办卡94折 2010年5月办卡86折	吸引眼球，2009-2010年推盘时推出了促销优惠措施	销售率未有太大变化
保利海上 五月花 原价打折 附赠面频		2008年8月	97折，成交价却下滑3%	销售情况未见好转
		2009年3月	98折，吸引人气，推盘促销	当月及次月销售量上升，但销售率仅为40%
		2010年5月	92折，尾盘销售，尽快去化房源	5、6月无成交

资料来源：上海中原研究咨询部。

综合以上六个典型促销楼盘来看，项目均位于郊区，并且楼盘规模较大，房源量供应普遍充足。

从房企采取的促销策略来看，在市场调整初期，企业一般采取试探性的营销手段以窥探市场，如若销售状况没有明显改观，则再继续加大降价促销的力度。

万科旗下的楼盘“四季花城”和“金色雅筑”纷纷在2008年3月推出新房源时，为了得到购房者的关注，采取促销让利活动，在加快销售进度和迅速回笼资金的同时，更是成为当年引领楼市展开促销的先锋。而由于整体市场低迷，销售情况转冷，销售率普遍降至四成左右，此后万科加大了楼盘促销幅度，交易量才又迅速回升。

“绿地蔷薇九里”在2009年底推盘后，销售情况欠佳，也分别于2010年2月和5月采取促销优惠活动，并且促销幅度不断加大，以此能迅速去化积压房源。大华集团旗下的锦绣华城项目交易量曾一度陷入低迷，也采取了一定的让利促销方式，但成效有限。后期房企转变策略，开始“弃量保价”。

从促销方式来看，原价打折成为楼盘普遍采用的手段，并且成效均比较明显。实践证明，只有折扣够大，让购房者在价格上得到真正的实惠，才能促成成交。另外，直接降价和低价推盘也在较大程度上促使楼盘成交量上扬，而现金折扣、赠送面积等间接促销手段都未引起市场太多反响。值得一提的是，促销方式的叠加可以在较大程度上拉升楼盘销售业绩。

8.3 2010楼市温和徘徊　价格折扣未有大幅升级

8.3.1 市场调整尚浅　僵局仍未破解

调控新政初推之时，市场上一度存在多种声音，特别是关于调控“寿命”的疑虑较多。但随着管理层对调控精神的明确解释传达与各地细化执行，市场情绪回归平和，“房价不涨、政策不出”的潜台词引导楼市焦点转移到房价走势上。在7～8月份上海住宅交易明显提升的背景下，开发企业仍难坦然接受这种“鼓舞”而蓄谋涨价，个别实质性涨价的项目对外三缄其口，足显其惴惴不安。近期上海传言加强对单价超过三万元楼盘的预售审批力度，避免房价上涨招致更严厉政策的意图明显。不排除个别项目进行政策试探，但房价被压在政策红线下“低调”前行的大格局已基本确立。

2008～2009年度上海楼市降价现象与发展因为后期“救市”等因素的介入，并不是一个完整的市场调整周期。但市场仍经历了从2007年10月～2008年10月这样一段较长时间的博弈，而2010年以“新国十条”为起点，至今才发展了不足半年的时间，仅仅从时间上来说，楼市调整也远未进入深处。

8.3.2 供求格局稳定　大幅降价无必要空间

2010年上海新房市场存量则长期在300万m²附近徘徊，虽然新政后成交骤减，但供应不旺对其进行了有效化解。短期供应不足现象在上海多个区域存在，如静安、徐汇、普陀、青浦、松江等片区，同板块房企集体推盘现象很少。房企很容易借用“供求差”的机会来化解市场压力，配合适当的营销策略，推出盘源短期内即可完成消化。正因为此，优惠打折在现阶段多被作为营销噱头，而非真正的资金回笼手段。

此外，虽然2010年房企所面临的政策环境不断收紧，严打囤地、缩短土地出让金缴纳时间、土地增值税等系列政策连续出台，银行对房地产市场的态度从热情降为冰点，然而与2009年下半年各种投融资机构高度活跃不同，目前多数房企仍然不急，“找钱”的工作并不紧迫。

总体来说，当前房价正处于“上行无门，下行乏力”的尴尬状态。在政策高压逼出投机/投资性购房者之后，需求规模上的大幅衰减最终将演化为高房价瓦解。后续政策的继续推出，自然可以加快瓦解进程，但资本力量的层层阻碍亦不容小觑。在市场试探阶段结束后，成交量仍会出现一定的回落，继续下一波促销试探与成交回暖的循环。鉴于2010年企业资金储备远非2008年可比，心态及促销手法更为成熟，这种小幅度的促销循环应该会持续多轮。而以上海楼市3～6个月为一个促销周期来计算，2010年还可能出现第二轮促销热潮，但降价幅度仍不能期待太大。

第9章　寻找楼市逆境中的热销楼盘

上海中原研究咨询部　龚　敏/巫慧颖

在房地产快速发展时期热销楼盘比比皆是，当楼市在政策或受到经济发展等因素影响面临调整时，楼盘开始出现明显分化。2010年新政后上海楼市交易急转直下，但在市场总体低迷时仍有部分楼盘逆市上扬，分别是哪些楼盘，这些楼盘又是凭借那些因素得以热销？通过对2010年4月新政后全市环线成交排前20的楼盘进行调研，从价格、区位、配套、产品特征及开发企业等各方面分析楼盘热销的共性及个性，为房地产开发企业及投资者提供借鉴。

9.1 中心热销房价不菲　外围借助洼地取胜

通过分析这些热销楼盘可知，热销楼盘区域分布不同，楼盘价格也差异较大。中心区域因为地段稀缺，楼盘价格依然坚挺，低价并不是热销主导因素。内外环间楼盘分布于中心区域与次中心区域各板块，由于环线内自住客比重较高，客户对价格敏感度也较高，相对而言低价板块更能吸引购买者关注，同时过高的房价不足以引起他们追捧。而外围区域更倾向于用低价来吸引购房者，而且价格下调幅度较大。

内环内区域热销楼盘的价格80%集中在31000～39000元/m^{2}之间，对比各个楼盘所在的板块来看，六成热销楼盘的成交价格高于板块的平均价格，其中四川北路的新港城高出板块均价17%，环线内最热销的仁恒河滨城，均价达到了53038元/m^2，无论从区域还是板块方面对比，价格都偏高。

内外环区域热销楼盘的价格80%集中在24000～29000元/m^{2}之间，与所在区域板块均价大致相当。

外环外区域有50%的热销楼盘成交价格低于板块均价，在这些低价热销项目中，60%集中在最外围区域，特别是临港新城板块的芦潮港海滨国际花城，成交价低于板块价格19%，奉贤南桥新城和柘林板块的成交项目中，价格也出现不同程度走低。另外，嘉定主城区的中信泰富又一城，价格低于板块均价也达到了10%。

上海市热销楼盘价格分析（2010年4月～2010年7月）　　表9-1

区域分类	行政区	板　块	楼盘名称	套　数	楼盘价格（元/m^2）	与板块差价（元/m^2）	板块差价幅度（%）
内环内	浦东	花木	仁恒河滨城	156	53038	705	1.3
	黄浦	老西门	明日星城二期	108	31106	-1431	-4.4
	虹口	四川北路	馥敦坊	93	31202	-210	-0.7
	闸北	不夜城	高福坊	79	38531	5195	15.6
	虹口	四川北路	新港城	52	36766	5354	17.0
内外环	长宁	虹桥	新天地河滨花园	567	27014	-5	0.0
	闸北	大宁	上海滩大宁城	171	25351	-283	-1.1
	浦东	北蔡	地杰国际城	150	28795	398	1.4
	宝山	大场	滨河华城	148	19330	727	3.9
	浦东	张江	张江汤臣豪园	116	24951	-141	-0.6

续表

区域分类	行政区	板　块	楼盘名称	套　数	楼盘价格（元/m²）	与板块差价（元/m²）	板块差价幅度（%）
外环以外	南汇	周康	印象春城	656	16170	257	1.6
	嘉定	江桥	万达城市公寓	600	17913	1153	6.9
	奉贤	南桥新城	恒盛湖畔豪庭	470	11806	-14	-0.1
	宝山	顾村	保利叶都	385	16407	1338	8.9
	松江	松江新城	绿地松江名邸二期	384	12854	498	4.0
	徐汇	华泾	印象欧洲城	378	19456	-660	-3.3
	嘉定	嘉定主城区	中信泰富又一城	345	12412	-1378	-10.0
	嘉定	嘉定主城区	新城悠活城	307	14900	1110	8.0
	奉贤	柘林	海韵馨苑	286	8313	-179	-2.1
	南汇	临港新城	芦潮港海滨国际花城	271	7235	-1689	-18.9

注：典型热销为内环内、内外环销售前5，外环以外销售前10楼盘。
数据来源：上海中原研究咨询部。

9.2 新兴板块崛起　媲美成熟区域

9.2.1 大型规划影响　新兴特色区域受追捧

热销楼盘主要集中在非中心的成熟区域和新兴规划快速发展区域。这些区域虽然在地理位置上不及中心成熟区，但其具有新城概念及成为大型居住区的规划，并已进入快速建设阶段从而更受欢迎。如松江新城嘉定新城，江桥顾村板块，这些区域新盘供应都较为充足，为后期的热销奠定了基础。

“大虹桥”、世博、迪斯尼、高铁等概念拉动区域的整体发展，区域楼盘也水涨船高。如周康板块，作为原南汇距离最近市中心的区域，因南汇与浦东合并，在大浦东两个中心的带动下，区域价值呈现爆发性增长，板块内的“印象春城”凭借两区合并利好消息房价迅速提升，并得以旺销。然而其配套设施并未有明显改善，因此热销楼盘仍未具有明显价格优势。此外，北蔡板块搭上世博的顺风车后，板块价值得到重新审视，新推楼盘“地杰国际城”也受到购房者青睐。再加上该板块在售优质楼盘本身就不多，因此即使在房价高出板块均价的情况下，依然能保持热销。

上海市典型热销楼盘区位特征（2010年）　　表9-2

区域分类	板　块	区域现状	未来规划
中心成熟区域	老西门	黄浦区中高档楼盘汇集地；上海市中心面积最大、力度最强的旧城改造区域	协同“世博园”及“外滩一体化”的开发，将建设成黄浦区具有现代都市风格和历史文化内涵的三大集居区之一
	四川北路	虹口发展最成熟区域；拥有生态、健康、自然的优越居住环境，历史底蕴浓厚，是上海文化中心	将遵循“2年动迁、5年建设、8年业态调整”的“258方针”加速商圈改造，目前正处在5年建设阶段的第一年
	不夜城	城市亚中心；各项配套丰富、交通便捷；新盘以中小户型、中高档品质楼盘为主	未来对中兴路二道的拓宽、不夜城的开发、“中兴城”的改造，为这个区域注入更多活力
非中心成熟区域	花木	汇集大量中高档楼盘和浦东最好别墅群；其配套设施基本[illegible]社区中的设施	花木板块在规划与建设上一直以国际化标准为标尺，高端人群的汇聚效应随着区域城市发展不断加强

续表

区域分类	板 块	板块现状	未来规划
非中心成熟区域	大宁	拥有众多"公园房"；随着大宁国际商业广场开业，大宁商业氛围得到提升，成为闸北宜居新地标	未来大宁城市功能定位为环境优美、生活服务设施齐备的生态型、低密度、国际化、大型综合社区
	大场	以老公房和次新房相结合的居住区，周边老公房和次新房均价低于宝山中心城区，轨道优势尚未被完全发掘	此地区是宝山区今后几年重点开发的区域之一，将逐步建设成上海大学城和纳米工业园区
	华泾	板块大部分位于中环以外，与繁华徐家汇商圈紧密联系，出行交通便捷；板块紧邻黄浦江提升了板块内楼盘的景观环境附加值	未来旨在打造成"徐汇区高档绿色园林式生态聚居区"
	张江	张江板块作为上海的产业聚集地，住宅的开发数量并不是很多；居住区主要集中在原来的张江镇周围	区域规划形成人才集聚、文化先进、环境舒适、配套完善、交通便捷的科技人文示范区
新兴规划快速发展中区域	顾村	目前区域商业气氛不浓；时尚的健身、游泳场、网球等场所难觅	顾村的未来蓝图将是定位高端、人居为主的宝山居住集合地
	江桥	相比市区高房价，目前江桥仍然是一个相对的价格低谷，具备成熟的成活配套	未来江桥以治安环境好为基础，实现了自身由城郊结合部的升级成为居住、商业并存的综合型商住区域
	嘉定主城区	品牌开发企业云集，新盘供应体量大，主要由嘉定地区本地改善型购房者消化为主	未来嘉定政治、经济、文化中心，将打造成空间布局合理、配套设施完善、适宜人居环境、具有一定辐射功能的上海郊区现代化新城
	松江新城东区	是规模最大的市郊新城开发项目之一；现已经初现一个规划起点高、生态环境好、居住氛围优越的板块；但板块内人气并未形成	定位成为一座生态化的花园城市，在居住品质方面的目标是，建设成为一座人与自然和谐的最佳居住地
	临港新城	临港新城是近年来的新兴板块；目前板块商业配套较为缺乏，住宅价格在全市来说也处于洼地	未来将打造以现代装备产业为主体的国家级现代制造业基地、以物流产业为核心的国际生产服务业枢纽和以海洋文化为特色的城市生活服务业集聚区
远郊新城	柘林板块	位于奉贤区南部，是长江三角洲南翼环杭州湾产业带的重要节点，上海南部化工、输配电等特色产业高地，现代化滨海新镇	整体规划结构为"一轴一心三核"。一轴是东西向的发展轴；一心是古城商业文化步行区，三个城市功能核是行政体卫综合区、新区综合服务区和旧城整合区
	南桥新城	目前在售楼盘比较丰富，特别是围绕着南桥中小企业总部商务区建设，普通住宅、别墅、商业开发全面推进	计划用15年左右的时间打造成为一座低碳生态新城；未来将不仅成为奉贤区的政治、经济、文化中心，还将成为上海杭州湾北岸板块的综合性服务型核心新城
概念性区域	虹桥	沪上的成熟居住区；周边配套丰富，教育体系从小学到大学均有分布，成为许多欧美人士，东南亚等地的外籍人士居住的首选地	"大虹桥"规划了面积约7.2km^{2}的虹桥生态商务区，以及投资达500亿的虹桥综合交通枢纽，新虹桥规划到2015年商圈商业总面积将扩容到66万m^2
	北蔡	早年由于地理位置相对较偏，加上缺少大型商业配套和整体规划，板块发展不充分，近期受惠世博板块召唤，使得板块发展出现新局面	北蔡将建设成为新的商贸集散地，未来将集合上海最具影响的汽车品牌展示、销售等相关产业
	周康	原南汇距离市中心最近区域，与浦东合并后最先得益；目前板块的新房房源相对充足；周边商业配套基本上可以满足周边居民消费需求	借助康桥工业园区的先发优势，大力发展汽车零部件加工业、电子电器制造业、医药康复业、信息服务业等行业；同时周浦老镇区改造步伐，形成综合产业基地

数据来源：上海中原研究咨询部；上海市各行政区规划网。

9.2.2 未来配套可期 区域价值逐步显现

中心成熟区域热销楼盘周边的交通和生活配套各方面都已完善，后期改善空间不大。而非中心成熟区域虽然公交线路上没有中心区域多，但80%都已有地铁经达，且目前生活配套基本能满足附近居民的日常生活消费需求，后期在商业方面会逐步完善。

新兴区域目前嘉定新城和松江新城已开通轨道交通，而且区域与市区的衔接基本依赖轨道交通，其他区域目前交通较为不便，但都规划有轨道交通并已处于建设阶段。生活配套方面目前除松江新城外，其他区域都相对欠缺，但后期均规划有完善的配套设施，交通和生活配套方面改善空间大。购房者提前进入新兴区域看中的还是区域未来发展，如"万达城市公寓"，目前项目交通及生活配套方面都不完善，但由于"万达商业广场"所汇集的巨大商业价值在后期逐渐显现出来，加上13号线的贯通拉近到达市区的时间距离，项目开盘后就备受热捧。

值得注意的是，远郊新城目前配套和未来规划，并没有提升很多，特别是交通方面改善不大，较难吸引市区购房者的关注，之所以热销主要是以本地居民消化为主。

上海市典型热销楼盘配套设施（2010年） 表9-3

区域分类	板块	楼盘名称	目前交通配套	未来交通配套	目前生活配套	未来生活配套
中心成熟区域	老西门	明日星城二期	★★★★★	★★★★★	★★★★★	★★★★★
	四川北路	馥敦坊	★★★★★	★★★★★	★★★★★	★★★★★
	四川北路	新港城	★★★★★	★★★★★	★★★★★	★★★★★
	不夜城	高福坊	★★★★★	★★★★★	★★★★★	★★★★★
非中心成熟区域	花木	仁恒河滨城	★★★★	★★★★★	★★★★★	★★★★★
	大宁	上海滩大宁城	★★★★	★★★★	★★★★	★★★★★
	大场	滨河华城	★★★★	★★★★	★★★	★★★★
	华泾	印象欧洲城	★★★	★★★	★★★	★★★★
	张江	张江汤臣豪园	★★★★	★★★★	★★★	★★★★
新兴规划快速发展中区域	顾村	保利叶都	★★	★★★★	★★	★★★★
	江桥	万达城市公寓	★★	★★★★	★★	★★★★★
	嘉定主城区	中信泰富又一城	★★★	★★★★	★★	★★★★
	嘉定主城区	新城悠活城	★★★	★★★★	★★★	★★★★
	松江新城东区	绿地松江名邸二期	★★★	★★★★	★★★	★★★★
	临港新城	芦潮港海滨国际[illegible]	★	★★★	★★	★★★★
远郊新城	柘林	海韵馨苑	★	★★	★★★	★★★
	南桥新城	恒盛湖畔豪庭	★	★★★	★★★	★★★★
概念性区域	虹桥	新天地河滨花园	★★★★	★★★★★	★★★★★	★★★★★
	北蔡	地杰国际城	★★★	★★★★	★★★	★★★★
	周康	印象春城	★★	★★★	★★★	★★★★

注：1. 交通配套从轨道交通、公交和自驾路况方面考量；生活配套从学校、医院和商业等方面考量。
2. "新兴规划快速发展中区域"大多为上海"一城九镇"规划覆盖区域。
数据来源：上海中原研究咨询部。

9.3 两房三房热销 追求低碳景观

从房型面积来看，热销产品85%的房型为两房和三房。其中两房面积76%集中在85～100m²之间，而三房面积65%集中在120～150m²之间。另外，中心区域70m²左右的一房由于总价相对大面积户型来说较低，而且能充分享受市中心繁华生活也受到购房者热衷。外围区域的"绿地松江名邸"，甚至推出95m²和98m²的联排别墅，打破传统别墅大面积形式，此创新举措也得到了消费者的肯定。

从各热销楼盘的小区布局来看，开发商都致力于打造景观环境，并在倡导绿色节能建筑的时代，充分迎合城市低碳理念。处于新兴区域的楼盘，如“万达城市公寓”和“中信泰富又一城?”，还将建成城市综合体项目，除了满足消费者的居住生活外，还增加了商业、办公和酒店等业态，辐射扩大到整个区域，满足周边居民的一站式消费，大大提升了项目的影响力。

上海市典型热销楼盘产品（2010年5月～2010年8月） 表9-4

区域分类	行政区	板块	楼盘名称	在售面积	卖点
内环内	浦东	花木	仁恒河滨城	2房：88～112m² 3房：87～150m²	精装修节能建筑
	黄浦	老西门	明日星城二期	2房：97m² 3房：136～150m²	8000m²主题景观，智能化系统
	虹口	四川北路	馥敦坊	1房：73～87m²	配套成熟便利；超大栋距；房型实用
	闸北	不夜城	高福坊	1房：70m²	精装修节能建筑
	虹口	四川北路	新港城（建邦16区）	2房：101m² 3房：123～130m²	配套成熟便利，邻近3条轨道交通
内外环	长宁	虹桥	新天地河滨花园	1～3房：66～130m²	利用苏州河景观资源辟建公园小区
	闸北	大宁	上海滩大宁城	2房：90m² 3房：93m² 4房：138m²	3万m²生态绿地、节能环保住宅设计，注重园林环境的营造
	浦东	北蔡	地杰国际城	2+2：119m² 3房：90 m²	南汇并入浦东，未来规划可期
	宝山	大场	滨河华城	2房：85～93m² 3房：125～138m²	精装修；房型实用
	浦东	张江	张江汤臣豪园	1～4房：61～230m²	产品线丰富；针对张江园区员工有96折优惠
外环以外	南汇	周康	印象春城	2房：88～89m² 3房：130m²	打造法式印象派风情园林
	嘉定	江桥	万达城市公寓	2～3房：85～132m²	集多种业态于一体的城市综合性新中心
	奉贤	南桥新城	恒盛湖畔豪庭	2房：77～93m²	镇中心地段；当地产品力标杆
	宝山	顾村	保利叶都	2房：89m² 3房：145m²	紧邻435万m²的顾村公园的生态小区
	松江	松江新城东区	绿地松江名邸二期	联排别墅：95～98m²	打造英伦风格居住区
	徐汇	华泾	印象欧洲城	2～3房：78～91m²	营造法式、德式、北欧三种不同建筑风格的欧式社区
	嘉定	嘉定主城区	中信泰富又一城	1房：75m² 2房：90m²	集住宅、商业、酒店、写字楼于一体的城市综合体
	嘉定	嘉定主城区	新城悠活城	2房：83～91m²	集住宅、商业、酒店、写字楼于一体的城市综合体
	奉贤	柘林	海韵馨苑	2房：103～106m² 3房：137m²	价格实惠
	南汇	临港新城	芦潮港海滨国际花城	1～4房：65～180m²	景观丰富；小户型总价低

数据来源：上海中原研究咨询部。

9.4 品牌效应发挥优势　优惠策略促进成交

从热销程度来看，55%是品牌企业，如万达集团的“万达城市公寓”、保利地产的“保利叶都”、绿地集团的“绿地松江名邸”二期等，交易量表现抢眼。另外，在热销楼盘里，50%开发商具有国企背景，如“印象春城”在中华企业和上海房地产经营集团的参与联合打造下，引起购房者的强烈关注，并创下热销佳绩。在热销项目里，60%的楼盘采取了不同程度的优惠措施，其中，一半的品牌开发企业推出优惠活动，但整体优惠幅度不大。

上海市典型热销楼盘开发企业（2010年）　　表9-5

行政区	板块	楼盘名称	开发企业	属性	品牌与否	营销策略
浦东	花木	仁恒河滨城	上海仁恒房地产有限公司	外资	是	无优惠
黄浦	老西门	明日星城二期	上海东方金马房产发展有限公司	外资	否	买房送车位，一次性付款99折
虹口	四川北路	馥敦坊	上海广伟置业有限公司	国企	否	无优惠
闸北	不夜城	高福坊	上海君奋房地产开发经营有限公司	民营	是	会员有优惠
虹口	四川北路	新港城	上海嬴联置业有限公司	国企	否	一次性付款优惠1500元/m²
长宁	虹桥	新天地河滨花园	上海新天地置业发展有限公司	国企	否	无优惠
闸北	大宁	上海滩大宁城	上海屹申房产开发有限公司	国企	否	附赠入户花园
浦东	北蔡	地杰国际城	上海乔北置业有限公司	国企	是	会员有优惠
宝山	大场	滨河华城	大华（集团）有限公司	民营	是	优惠500元/m²
浦东	张江	张江汤臣豪园	张江微电子港有限公司	外资	是	96折
南汇	周康	印象春城	上海嬴浦置业有限公司	国企	是	无优惠
嘉定	江桥	万达城市公寓	万达集团	民营	是	无优惠
奉贤	南桥新城	恒盛湖畔豪庭	上海弘晔房地产发展有限公司	民营	否	无优惠
宝山	顾村	保利叶都	保利地产	国企	是	总价优惠3万元
松江	松江新城	绿地松江名邸	上海绿地松江置业有限公司	民营	是	8折
徐汇	华泾	印象欧洲城	上海盈[illegible]房地产开发有限公司	外资	否	一次性付款98折，预付定金99折
嘉定	嘉定主城	中信泰富又一城	上海森[illegible]房地产开发有限公司	国企	是	无优惠
嘉定	嘉定主城	新城悠活城	上海新城万嘉房地产有限公司	民营	是	总价优惠5万元
奉贤	柘林	海韵馨苑	上海新[illegible]建设发展有限公司	国企	否	一次性付款97折，贷款98折
南汇	临港新城	芦潮港海滨国际花城	上海临港芦潮港经济发展有限公司	国企	否	无优惠

数据来源：上海中原研究咨询部。

9.5 各区域楼盘热销因素总结

从以上的热销楼盘各个因素分析对比我们可以得出：成熟区域配套完善，满足购房者日常消费需求，所以无论是中心或非中心地区依然是买家的普遍选择；新兴地区有明确规划且正在发展中区域，后期配套设施逐步完善，受到买家青睐；概念区域在政策的利好下价值突显，也能吸引众多买家。

剔除区域环境影响，楼盘热销因素是多种多样的，有的靠价格胜出，有的靠产品打动客户，不同区域有不同表现。通过以上分析我们发现在政策笼罩的低迷楼市下，各环线热销因素各有不同。

上海市典型热销楼盘影响因素（2010年） 表9-6

区域分类	行政区	板块	楼盘名称	价格	产品	品牌	配套
内环内	浦东	花木	仁恒河滨城		√	√	√
	黄浦	老西门	明日星城二期	√	√		√
	虹口	四川北路	馥敦坊	√			√
	闸北	不夜城	高福坊		√	√	√
	虹口	四川北路	新港城				√
				40%	60%	40%	100%
内外环	长宁	虹桥	新天地河滨花园	√			√
	闸北	大宁	上海滩大宁城	√	√		√
	浦东	北蔡	地杰国际城		√	√	√
	宝山	大场	滨河华城			√	√
	浦东	张江	张江汤臣豪园	√		√	√
				60%	40%	60%	100%
外环以外	南汇	周康	印象春城		√	√	
	嘉定	江桥	万达城市公寓		√	√	
	奉贤	南桥新城	恒盛湖畔豪庭	√			
	宝山	顾村	保利叶都			√	
	松江	松江新城	绿地松江名邸二期		√	√	√
	徐汇	华泾板块	印象欧洲城	√	√		√
	嘉定	嘉定主城	中信泰富又一城	√		√	
	嘉定	嘉定主城	新城悠活城			√	
	奉贤	柘林	海韵馨苑	√			
	南汇	临港新城	芦潮港海滨国际花城	√			
				50%	40%	60%	20%

注：√为房价低与板块均价或者促销幅度较大，产品具有特色，品牌房企，配套至少为★★★。
数据来源：上海中原研究咨询部。

通过以上综合分析可以看出：内环内及内外环热销楼盘配套都较为成熟，在其他影响因素中，内环内热销楼盘在产品方面对客户的影响较大，高端客户对住房品质诸如是否拥有良好规划景观、节能建筑产品等关注度高；内外环间热销楼盘品牌房企与房价同等重要，而产品本身有无特色对他们吸引不大，这个区域段多为具一定经济实力的自住客，因此性价比较高且具品质保障物业是他们的首选。外环以外热销楼盘影响最大的是房企，事实也证明外围地区热销大部分为知名企业楼盘，这一方面由于近年来外环外郊区土地大多为品牌房企所得，一方面也与外环外不确定规划因素众多，而购房者普遍对品牌房企比较信任有关；其次是房价是否低廉对郊区购房者来说十分重要；而相对来说产品有无特色及暂时的配套不足对郊区客户的影响较低。

第10章　高铁房冀望“大虹桥”崛起

上海中原研究咨询部　龚　敏/巫慧颖

随着沪宁高铁开通，沪杭高铁即将进入运营状态，长三角“一小时生活圈”正式启动。轨道交通为上海郊区楼市带来翻天覆地的变化，而与轨道交通具有一定类比性的“高铁”概念近期也在长期发酵后扑面而来。上海高居不下的房价，或推动不少上海本地人或在上海工作的人士，探求异地置业的可行性。城际楼市的联动发展即“同城效应”构想由此而来，沿线楼盘纷纷亮出高铁旗号，而长三角则有望成为跨区域联动发展的领跑者。上海中原地产研究咨询部从时间、交通、置业及常规生活四大成本要素入手，简要论证跨城际工作生活的经济性。结果表明在“大虹桥”初始发展阶段，高铁对上海及邻近地区的拉动力并不及地铁。而一旦“大虹桥”真正崛起并接近上海中心区的成熟度，其高铁价值的投射范围将跨越昆山，深入苏州腹地，并可能给近上海沿线楼盘带来最大近50%的房价涨幅。

10.1 长三角孕育“1小时置业圈” 高铁效应看齐轨道交通

目前上海已通车的轨道交通从外围站点至市中心时间普遍在20～50分钟之间，这也极大促动了中心区人口向外围新城、新兴居住区的转移，“外围置业，中心区就业”的生活模式日渐蓬勃，“1小时置业圈”的概念逐渐成形。

高铁凭借更为快捷的速度，在时间成本、空间距离等交通要素上与城市地铁存有一定的替代性。在相关站点的房价水平上，如高铁安亭北、花桥站点附近房价分别为12000元/m²、11000元/m²，而11号线的马陆、嘉定新城地铁站附近房价为13000～17000元/m²，二者存在明显落差。尽管高铁交通成本略高，但在房价方面却可实现一定程度的补偿，这也成为沿线楼盘的核心价值及重要的推广亮点。

为了相对合理的比较高铁与地铁在房地产领域的能效，上海中原研究咨询部选择高铁沪宁线上至上海市中心通达时间在50分钟内的站点作为比较对象，地铁则选取9号、11号线（具体站点如表10-1）。经初步分析发现，高铁和地铁相关站点在市中心通达性、区域房价水平、市政成熟度等方面均具有高度的可比性，高铁和地铁之间进行置业价值对比的条件基本具备。需特别说明的是，在中心区的设定上各条线路略有不同，对应关系分别为11号线至江苏路站，9号线至徐家汇站；由于“大虹桥”综合枢纽发展尚处初步阶段，高铁至上海中心区需在虹桥站加乘地铁转至中山公园站。

图10-1　沪宁高速铁路站点布局示意图

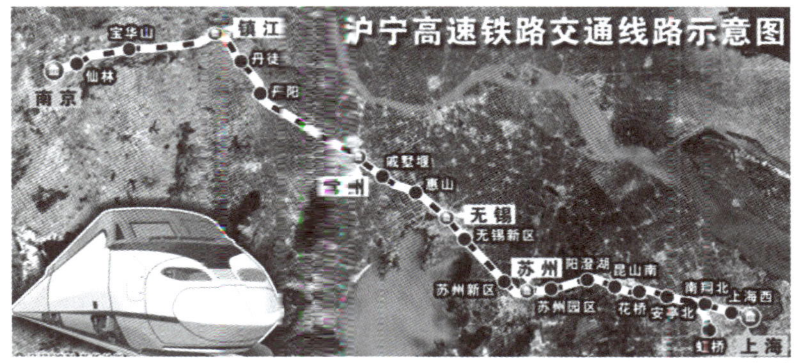

资料来源：新华社。

上海市轨道交通及高铁可比较站点（2010年）　　表10-1

对比线路	至中心区基准站点	对比站点				
沪宁高铁	虹桥站转至中山公园站	安亭北	花桥	昆山南	阳澄湖	苏州园区
轨道9号线	徐家汇站	九亭	泗泾	松江大学城	松江新城	
轨道11号线	江苏路站	南翔	马陆	嘉定新城	白银路站	嘉定西站

资料来源：上海中原研究咨询部整理。

10.2 高铁房综合成本高　置业成本级差明显

受高房价制约，被迫转居外围的群体，其置业决策更多受房价与交通两大成本主导。本文将交通时间成本、票价成本及房价成本总值折算为月度综合生活成本，并辅以相关站点的房地产发展成熟度为补充来对比高铁与轨道对比站点楼盘之间的置业吸引力。换算结果表明，在9号、11号地铁等由中心区向外围单向投射的运营线路上，房价水平从高到低逐站递减，各站点综合生活成本趋于一致。

反观高铁，由于串联更多城市，而沿线城市则会给邻近高铁站点的房价带来辐射拉升。在沪宁高铁沿线，房价最低点为居于上海与苏州中间位置的阳澄湖。而高铁交通成本随距离延伸的大幅上扬，基本抹煞了房价的洼地优势，最终从上海出发各站点综合生活成本一路走高，并形成明显级差。

综合生活成本月度分摊（2010年）　　表10-2

	站　点	交通时间（分钟）	票价（元）	典型楼盘	房价（元/m^2）	区域价值	基准生活成本（元/月）
沪宁高铁	安亭北	34	18	都会新峰，常发香城湾	12000	★★★	2643
	花桥	36	23	赛格国际公寓，西上海名邸	11000	★★★	2801
	昆山南	38	28	世茂蝶湖湾，吉田国际公寓，新城域	10000	★★★	2959
	阳澄湖	40	33	华府庄园，湖滨花园，新城翡翠湾，品院	8500	★★★	3120
	苏州园区	43	40	万科金域缇香，中房澜泊湾	9000	★★★★	3436
轨道9号线	九亭	24	4	象屿都城，绿庭尚城，奥林匹克花园，九城湖滨国际	18000	★★★★	2357
	泗泾	30	5	润和欣苑，绿波景园，同润菲诗艾伦	14500	★★★	2263
	松江大学城	42	6	保利西子湾，绿地蔷薇九里	15000	★★★★	2561
	松江新城	45	6	绿地诺丁山，普拉托小城，玉龙苑	14000	★★★★	2538
轨道11号线	南翔	29	4	金地格林世界，骏丰嘉骊花园，茗馨公寓，	18500	★★★★	2503
	马陆	35	5	马陆清水湾，嘉宝紫提湾，保利湖畔阳光苑	17000	★★★	2599
	嘉定新城	39	5	盘新天地，中信泰富又一城，龙湖蓝湖郡	16000	★★★★	2543
	白银路站	41	5	新城西尚海，保利家园	15000	★★★★	2525
	嘉定西站	45	6	新城悠活城，嘉实上城名都	14000	★★★	2594

注：1．高铁的交通成本包括经虹桥站转至中心区域中山公园站的时间和票价成本；2．按照外围主流置业群体，即家庭月收入1～1.5万元，折合税后个人月收入约6000元，每天工作8小时，每月工作22天，折算至分钟计算时间成本；3．房价成本按产权70年，套均85m^2，算术分摊至月度；4．区域价值包括生活配套、居住氛围、区域规划等根据专家打分定量评估；5．区域价值占房价比重的10%计算成本，由于区域发展越成熟导致房价越高，剔除历史沉淀的区域发展因素，故：基准房价成本＝目前房价－区域价值；6．基准生活成本＝时间成本＋票价成本＋基准房价成本。
数据来源：上海中原研究咨询部 计算整理。

10.3 高铁房短期缺乏亮点 成长节奏依赖“大虹桥”

10.3.1 高铁现行成本过高 房价吸引力不足

经过综合生活成本对比得出，即便沪宁高铁上距离市中心最近的安亭北站，基准生活成本也要高于9、11号地铁沿线，其后的花桥、昆山南、阳澄湖等站点的基准生活成本更高。成本结构中，9、11号线对比站点的票价为4～6元，而同样交通时间内，高铁的票价则达到18～40元。对于日常往返频繁的白领群体来说，一个月的交通成本落差即达到616～1496元，这严重制约了沿线楼盘的竞争力。

在现有房价的基础上，高于城市地铁数倍的票价和候车等不确定时间成本的存在，只能让上海城市居民对乘高铁通勤敬而远之。而且，目前沪宁高铁的运行离短距离公交化还相差很远，这也会制约中心区溢出人口对高铁沿线楼盘的选择。目前的高铁房如要提高吸引力，在目前的房价水平下，高铁票价须分别下调34%、46%时，沪宁高铁方可一定程度上替代11号线、9号线，作为日常通勤交通工具，从而吸引一定数量的城际置业人群。

此外，目前高铁房处于成长阶段，沿线新市镇围绕高铁的生活配套建设仍比较匮乏。作为拉动跨城际生活置业的必备因素，只有形成一站式服务的商业中心，满足附近居民购物、休闲、娱乐、餐饮等全方位需求，实现住宅与商业的有效融合，才能让年轻的活力消费群体摆脱对上海中心区消费的依赖，实现“中心区就业，外圈层生活”。

综合来看，在当前高铁票价和站点房价基础上，目前沪宁高铁沿线的楼盘无法借力高铁吸引上海外溢置业客群。

图10-2 上海市“大虹桥”区域初始阶段高铁房与郊区地铁房基准生活成本对比

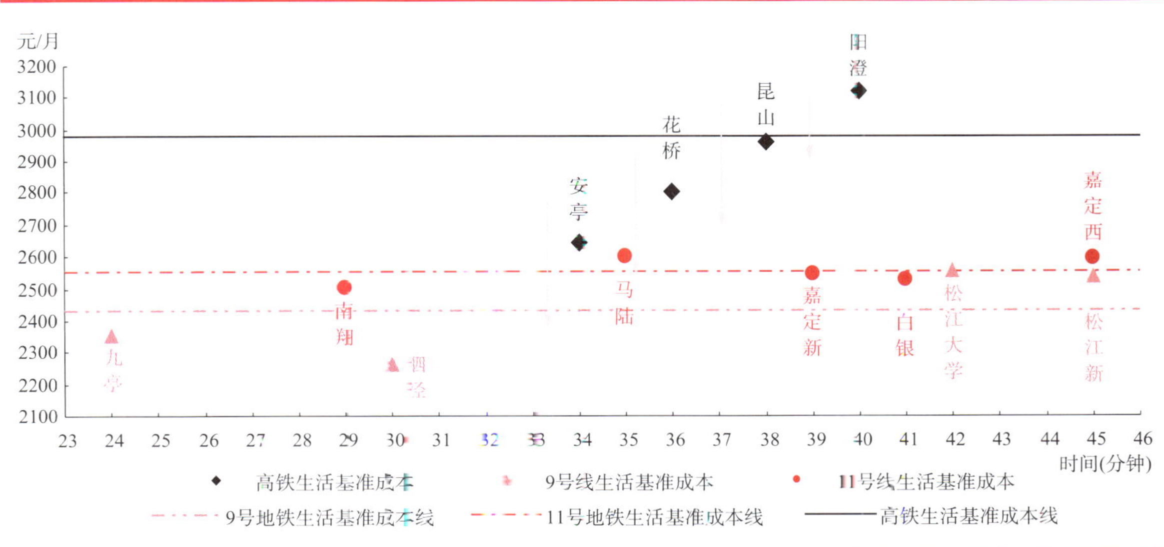

注：基准线数值即地铁线路所取样本站点的综合生活成本平均值。
数据来源：上海中原研究咨询部。

10.3.2“大虹桥”蓄势待发　未来高铁直达市中心

高铁目前在上海的停靠站为虹桥交通枢纽，区域的地产开发建设才刚刚展开，核心CBD地区也有待建设数年之后才能成型。这意味着，高铁沿线居民必须跨过“大虹桥”才能够触摸到中心区的繁华。但对于整个“大虹桥”来说，其发展前景远远超过交通枢纽本身。虹桥交通枢纽建成之后，不仅该区域居住、生活、商务、产业等实现高度积聚发展，同时也会带动城市商业生活配套向西扩张，以虹桥CBD为轴心，未来上海中心区的概念将大幅向西延伸。

可以预期，未来“大虹桥”核心区发展水平等有望等同甚至超越江苏路、中山公园、徐家汇等城市副中心。那么当前高铁沿线居民由虹桥再行转接的时间和票价成本可以消除。事实上，这会是一个逐步递进的过程。如图11–3所示的场景，“大虹桥”崛起之后，高铁置业成本大幅下调，从安亭北到阳澄湖站点的基准生活成本甚至低于9、11号地铁沿线楼盘。在楼市发展中，房价洼地优势最终往往转化为升值空间。对应下来，以距离中心城区最近的安亭北站为例，相比9号地铁沿线将有近420元/月的基准生活成本落差转化为房价提升空间，相比11号线，该指标为550元/月。折合成房价分别为4000元/m^2、5500元/m^2，等同于现有房价水平30%～46%的价格涨幅。

已经投入运营的沪宁高铁、2010年底将要通车的沪杭高铁，以及后续的通达南通、宁波的铁路网，将使长三角都市圈更紧密的链接，区域整体经济效应将进一步放大。“大虹桥”这一聚能核的形成，将极大地释放高铁对沿线房地产的辐射能量。高铁的拉动力并不局限于住宅房价，沿线许多中小城市，围绕高铁站点都在展开新的城镇规划，大批旅游休闲、商务服务等产业圈层面临新的发展契机。未来，高铁站点周边，无论是住宅地产，还是商业、旅游地产，其升值空间都将得到大幅释放。

图10–3　上海市“大虹桥”区域成熟阶段高铁房与郊区地铁房基准生活成本对比

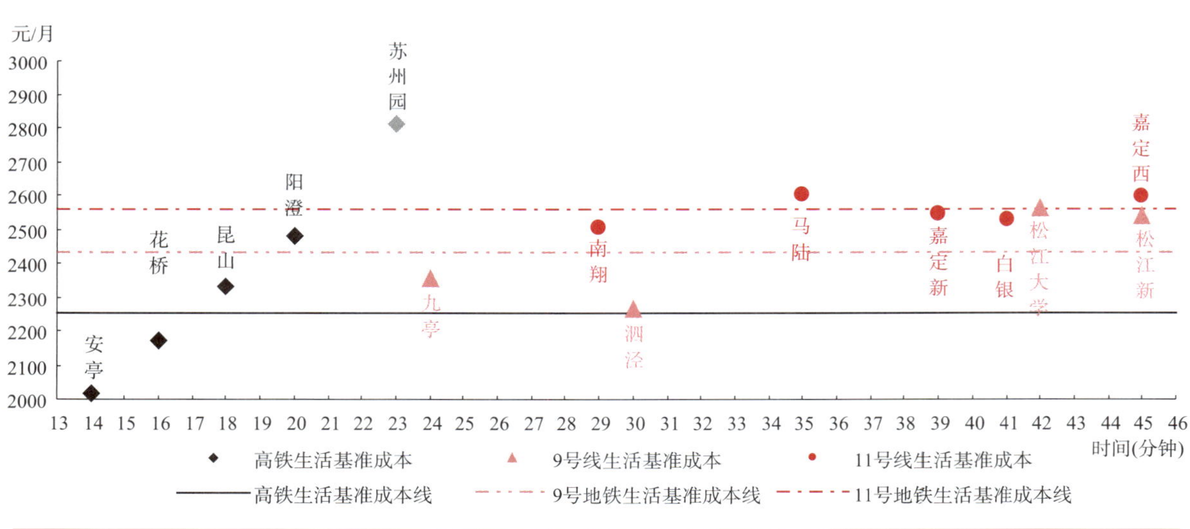

注：基准线数值即各沿线所取样本站点的综合生活成本平均得出。
数据来源：上海中原研究咨询部。

第11章 "大虹桥"激发住宅价格飙升 商办物业蓄势待发

上海中原研究咨询部 龚 敏/吴 依

"大虹桥"概念涵盖交通、产业、城市空间等多个层次方面。"大虹桥"空间范围确定为虹桥综合枢纽10公里圈的商务产业相对聚集的范围，重点包括长宁区全部以及华漕镇、徐泾镇、九亭镇、七宝镇、虹桥镇、新泾镇、江桥镇、长风街道等。虹桥综合交通枢纽集高铁、轨交、航站楼等多种现代化交通设施于一体，在规划建设阶段就成为周边楼市发展的重要牵引力。2009年9月上海"大虹桥"规划一经正式公布，即被解读为上海未来发展格局中除"大浦东"之外的另一城市发展引擎。在规划方向上，"大虹桥"不仅将成为上海与长三角城市群之间的流转枢纽，也是未来上海西部城市重心，这一切将依托高速城际通道与新兴产业集群而成。

2010年7月1日沪宁高铁开通，加上2010年年底沪杭高铁也将进入运营，"大虹桥"的主体发展脉络逐步呈现。其辐射板块内的房地产市场率先借势"大虹桥"概念升温，长宁、闵行等周边楼盘价格即便在调控风暴中也愈行愈稳。

11.1 "大虹桥"内涵丰富 交通商务完备

11.1.1 虹桥综合交通枢纽脉络全面呈现

"大虹桥"概念立足于虹桥综合交通枢纽，着眼于城市CBD商务区培育。虹桥综合交通枢纽位于上海闵行区华漕镇和长宁区北新泾西部地区，规划范围东起外环线A20、西至现状铁路外环线、北起北翟路、南至沪青平高速公路，规划用地约26.34km^2。未来虹桥综合交通枢纽将形成铁路客运、航空、机场快线、轨道交通、地面公共交通五个层次的立体化交通流转体系。

铁路客运专线上海总站：虹桥铁路客站位于虹桥机场西侧400m，将作为京沪高铁和沪宁、沪杭城际铁路的专用客站。沪宁线已于2010年7月1日投入运营，沪杭高铁也将在年底投入运营。

航空港：虹桥机场将建第二航站楼，扩大航空吞吐量。

机场快线：连接虹桥枢纽及浦东国际机场。

城市轨道交通：包括2号、3号、4号、5号、10号、13号线共6条轨道线，形成"五纵一横"的布局。

地面公共交通：铁路客站东、西两个广场共设总数不少于30条的公共汽车路线和日客运量2.5万人次的长途高速巴士站。

11.1.2 商务区开发启动 区域市场升温

以虹桥综合交通枢纽的规划空间为基础，在功能上延伸出虹桥商务区。未来整个商务区核心区域土地面积约26.3km^2，按"一环、两轴、三核、五区"布局；功能拓展区约60km^2，即在核心区的基础上向北延伸到A11，向西延伸到A5。发展布局将从闵行、长宁两区延伸至青浦、嘉定、普陀、松江。

商务区的建设规划从2010年起用两年左右率先建成一个1.4km^{2}的功能核心区。其开发总规模约158万m^2，包括商务办公约110万m^2、商业约14万m^2、文化娱乐约6万m^2、酒店约14万m^2、会展约14万m^2。

11.1.3 "大虹桥"催动楼市整合 洼地板块加速升值

在"大虹桥"楼市版图中，存在着如七宝古镇，古北、虹桥、金虹桥等国际化居住区，古美、莘庄等新兴居住区，北新泾西部、华漕、徐泾等城市边缘的类乡村地带，别墅类产品集中，公寓类产品发展缓慢。板块间特色各异，楼市发展阶段也存有较大落差。

与“大浦东”楼市由核心区向外围大跨度扩散发展不同的是，“大虹桥”地区楼市成多点开花状态，凝聚基础较好，特别是中心区很大部分已成为成熟地块，只需将区域自身发展迎合“大虹桥”规划，就会迅速取得提升。“大虹桥”地区有不少工厂面临动拆迁，住宅项目和与之配套的商业地产项目都有充足的发展空间。

图11-1　上海市虹桥综合交通枢纽线路布局图

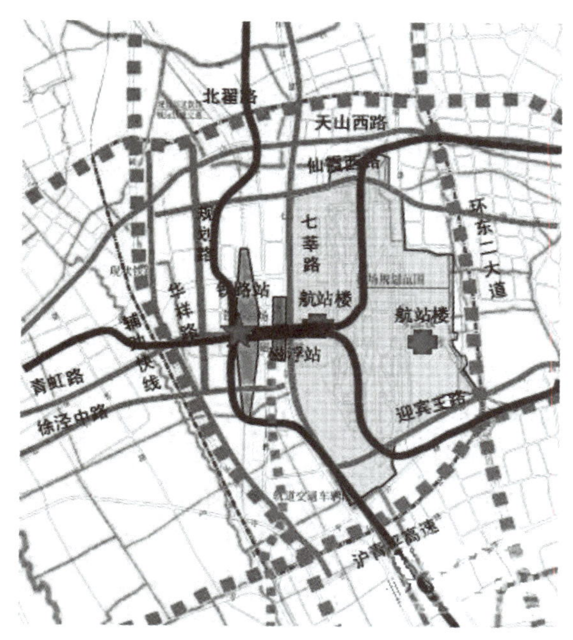

图11-2　上海市“大虹桥”商务区规划图

图11-3　上海市“大虹桥”片区辐射图

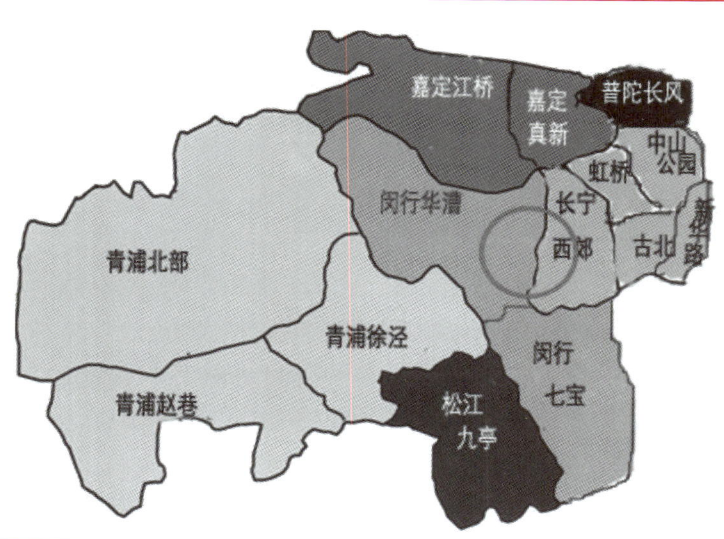

11.2“大虹桥”住宅供求平稳 概念促使价格飙升

2006年至2010年年度数据显示，“大虹桥”地区住宅市场供求受2008年及2010年低谷影响，年度起伏较大，2009年供不应求，2010年供求差距较小，房价保持稳步上扬的态势。

11.2.1“大虹桥”概念 推涨区域房价

2006年至2010年上半年，“大虹桥”地区商品住宅供需基本平衡，商品住宅总供应量908.87万m^2，销售面积934.42万m^2，供求比为0.97:1。而新政出台之后，“大虹桥”地区商品住宅供求迅速进入冰封状态。相比4月份的小阳春顶峰，6月份新增供应下滑95%，成交面积下滑81%。

虽然除了交通枢纽外，“大虹桥”发展仍停留在概念上，细化的发展目标和配套建设规划仍有待成熟，但在“大虹桥”规划推出前后，“大虹桥”地区房价却快速拉升。2009年8月、9月、10月“大虹桥”地区交易均价环比涨幅分别达到18.73%、18.64%、31.65%，区域平均房价从15000元/m^2一举跃升至27700元/m^2。在“大虹桥”规划得以落定之后的2010年1～6月份，区域房价上涨力度明显增强，半年涨幅即达到34.4%，高于全市均价涨幅4.66个百分点。

图11-4 上海市“大虹桥”地区住宅供求价走势图（2006～2010年6月）

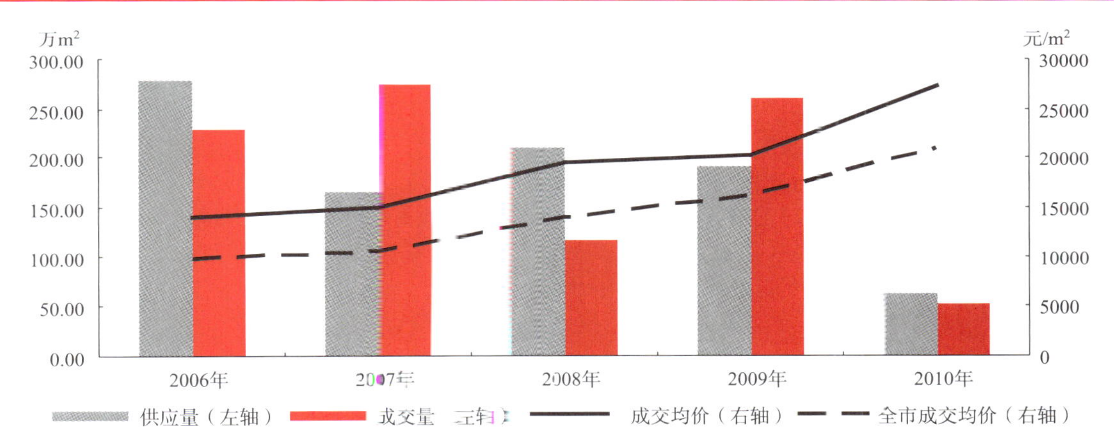

注：“大虹桥”地区指虹桥综合枢纽10公里圈的商务产业重点对象集的范围，重点包括长宁区全部以及华漕镇、徐泾镇、九亭镇、七宝镇、虹桥镇、新泾镇、江桥镇、长风街道等。
数据来源：上海中原研究咨询部。

11.2.2 区域未来竞争激烈 五大板块机会不等

“大虹桥”规划辐射区域范围较广，目前影响比较显著的典型板块包括长宁西郊、闵行华漕、青浦徐泾、嘉定江桥、松江九亭五大板块。2010年，五大典型板块价格进一步上涨，1月～4月平均涨幅为10.22%，其中嘉定江桥涨幅最为明显，为15.39%。4～7月份，在全市价格下滑的情况下，各典型板块平均价格再次小幅上扬5.01%，其中长宁西郊、闵行华漕板块价格涨幅都在30%，而松江九亭板块涨幅微弱。

各大板块目前发展成熟度不一，未来机会点也各不相同。有的板块住宅起步较早，自90年代开发至今已面临可开发住宅用地枯竭，未来开发重点或侧重于商业或综合地产；有的板块仍存在一定规模可持续开发的住宅用地，并已形成鲜明的板块特色，借力于“大虹桥”规划对环境配套的改善提升，中长期仍具备发展潜力。

图11-5　上海市“大虹桥”地区典型住宅板块供求价走势图（2009年1月～2010年6月）

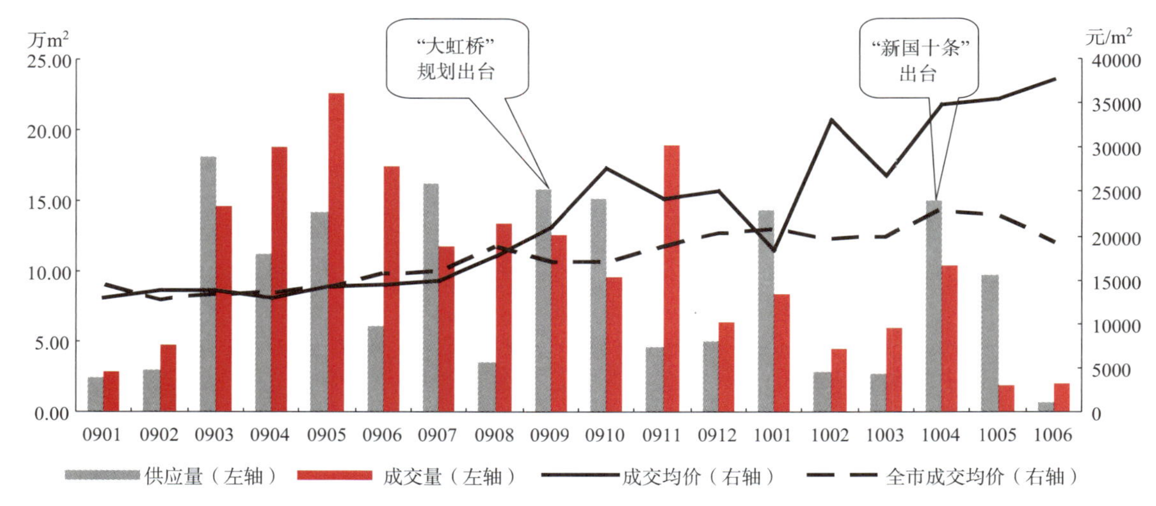

注：“大虹桥”典型住宅板块指长宁西郊、闵行华漕、青浦徐泾、嘉定江桥、松江九亭。
数据来源：上海中原研究咨询部。

以高档住宅集中、外籍人士聚集闻名的西郊板块作为“大虹桥”板块的中心板块，发展已较为成熟，跟随上涨能力强劲且抗风险能力明显高于新兴地区。以高档别墅开发为主的徐泾板块，是虹桥综合交通枢纽规划的最大受益者，大市政配套进一步改善，服务产业迅速导入，后续价格上涨动力看好。华漕板块和江桥板块内的道路出行正随着虹桥交通枢纽的建设大幅改善，而两个板块相邻近的区位，不足2万/m²的板块均价也蕴含一定的后发优势。九亭和江桥等由于受制于虹桥机场扩建、航班增多的影响，需面对更为困扰的飞机噪声等问题，区域量价均受到制约。

上海市“大虹桥”典型板块量价图（2009年1月～2010年4月）　　表11-1

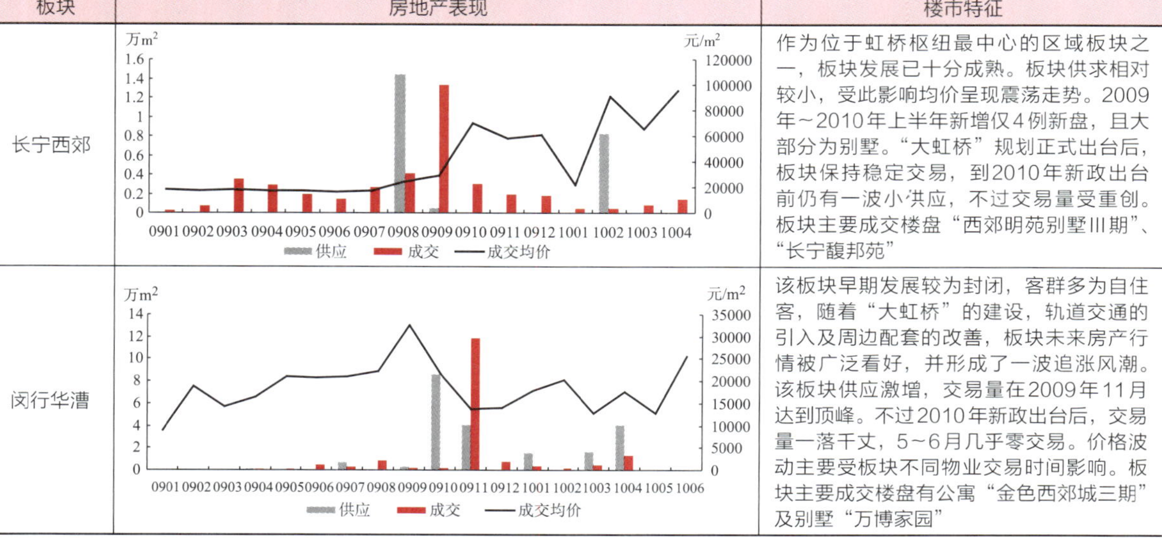

板块	房地产表现	楼市特征
长宁西郊		作为位于虹桥枢纽最中心的区域板块之一，板块发展已十分成熟。板块供求相对较小，受此影响均价呈现震荡走势。2009年～2010年上半年新增仅4例新盘，且大部分为别墅。“大虹桥”规划正式出台后，板块保持稳定交易，到2010年新政出台前仍有一波小供应，不过交易量受重创。板块主要成交楼盘“西郊明苑别墅Ⅲ期”、“长宁馥邦苑”
闵行华漕		该板块早期发展较为封闭，客群多为自住客，随着“大虹桥”的建设，轨道交通的引入及周边配套的改善，板块未来房产行情被广泛看好，并形成了一波追涨风潮。该板块供应激增，交易量在2009年11月达到顶峰。不过2010年新政出台后，交易量一落千丈，5～6月几乎零交易。价格波动主要受板块不同物业交易时间影响。板块主要成交楼盘有公寓“金色西郊城三期”及别墅“万博家园”

续表

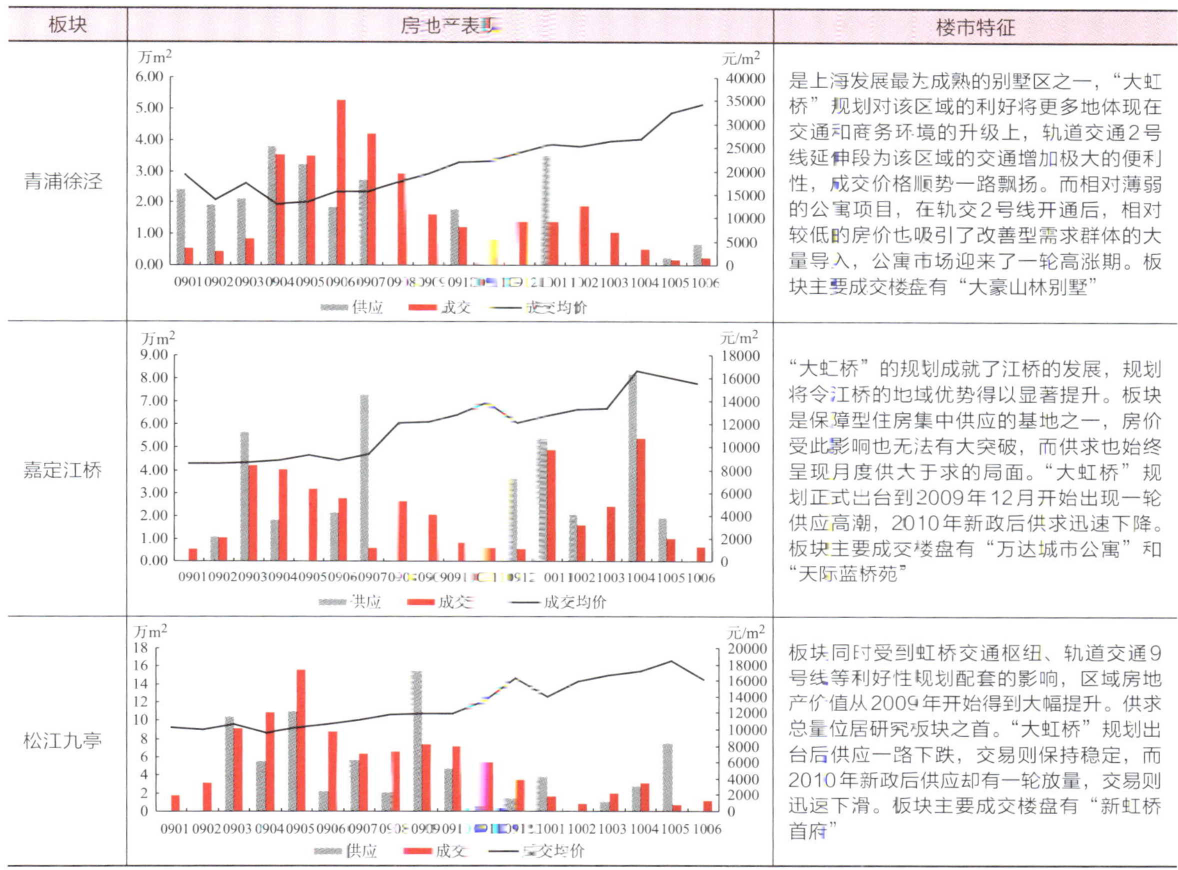

板块	房地产表现	楼市特征
青浦徐泾		是上海发展最为成熟的别墅区之一，“大虹桥”规划对该区域的利好将更多地体现在交通和商务环境的升级上，轨道交通2号线延伸段为该区域的交通增加极大的便利性，成交价格顺势一路飘扬。而相对薄弱的公寓项目，在轨交2号线开通后，相对较低的房价也吸引了改善型需求群体的大量导入，公寓市场迎来了一轮高涨期。板块主要成交楼盘有“大豪山林别墅”
嘉定江桥		“大虹桥”的规划成就了江桥的发展，规划将令江桥的地域优势得以显著提升。板块是保障型住房集中供应的基地之一，房价受此影响也无法有大突破，而供求也始终呈现月度供大于求的局面。“大虹桥”规划正式出台到2009年12月开始出现一轮供应高潮，2010年新政后供求迅速下降。板块主要成交楼盘有“万达城市公寓”和“天际蓝桥苑”
松江九亭		板块同时受到虹桥交通枢纽、轨道交通9号线等利好性规划配套的影响，区域房地产价值从2009年开始得到大幅提升。供求总量位居研究板块之首。“大虹桥”规划出台后供应一路下跌，交易则保持稳定，而2010年新政后供应却有一轮放量，交易则迅速下滑。板块主要成交楼盘有“新虹桥首府”

数据来源：上海中原研究咨询部。

上海市“大虹桥”辐射区域未来住宅开发机会比较　　表11-2

板块名称	可开发空间	板块成熟度	商业配套提升空间	交通规划提升空间	住宅开发机会排序
长宁西郊	★	★★★★★	★	★	5
闵行华漕	★★★	★★	★★★	★★★	3
青浦徐泾	★★★★	★★★	★★★	★★★★	2
嘉定江桥	★★★★★	★★★★	★★★★	★★★★	1
松江九亭	★★★	★★★★	★★	★★★	4

注：“可开发空间”主要指未来可开发居住用地规模。
数据来源：上海中原研究咨询部。

11.3 “大虹桥”商办供应充足　价格波动较大

11.3.1 “大虹桥”启动不久　商办市场供应增加

目前“大虹桥”版图内已经集中了八大以现代服务业为主导的集聚区，包括虹桥枢纽商务中心区、长宁区虹桥涉外中心、临空经济园区、普陀区长风生态商务区、嘉定区江桥商务区、青浦区徐泾商务港、松江区九亭现代服务业聚集区、闵行区七宝生态商务区。从发展远景来看，“大虹桥”概念中的虹桥商务区未来将成为上海现代服务业的新亮点、发展总部经济的新载体、服务区域经济发展的新引擎。区域商办市场的稳步成长与综合布局，有利于这一规划目标的实现。

上海中原地产研究咨询部监测数据显示，2006年以来，“大虹桥”地区商办类物业供应呈间歇放量。2006年和2008年分别出现供应高峰，2010年1～6月新增供应已达到2009年全年供应量的八成，供应高峰有望重现。

成交均价方面，“大虹桥”地区在近5年间仅2007年和2009年有所上涨，其中2009年板块涨幅环比2008年达68.54%，远高于全市均价8.96%；而2010年上半年价格跌幅达17.61%，比全市均价下跌17%。房价大起大落同时也表明，目前虹桥商务规划功能还只停留在规划表面，并未正式开启，短期内“大虹桥”商办房价有虚涨之势，一旦受政策或市场波动影响下滑显著。

图11-6　上海市“大虹桥”地区商办供求价走势图（2006～2010年6月）

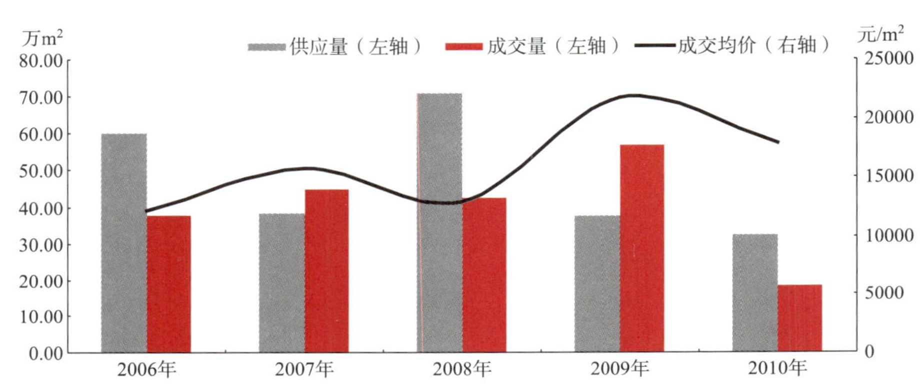

数据来源：上海中原研究咨询部。

11.3.2 典型板块受政策影响小　量价周期性走高

2009～2010年，“大虹桥”典型商办板块整体供不应求。在2009年9月规划出台前累计供求差距最大为0.23：1，其中普陀长风板块表现最为严重，累计供求比仅为0.02：1。受2010月份供应集中释放弥补，供求落差明显缩小，年度供求比最终仍仅为0.38：1。这一局面在2010年上半年全面反转，当期供求比恢复至1.31：1。

2010年上半年，“大虹桥”各典型商办板块交易价格稳步上扬，1～4月累计涨幅为4.18%，5～6月的在全市商办价格出现下滑的情况下大幅上涨16.61%，突破20000元/m^2大关。除普陀长风板块交易价格小幅下滑外，其他典型板块均大幅上涨。

虹桥商务区规划还未完全落实，加上调控带来投资心态的波动，“大虹桥”商办市场在2010年整体及局部表现均不稳定。但历史边缘地区如青浦徐泾，嘉定江桥等受规划利好因素的全面主导，供求价全面提升；相比之下，成熟板块的量价走势更贴近整体市场。

图11-7 “大虹桥”典型商办板块供需及价格走势图（2009年1月～2010年6月30日）

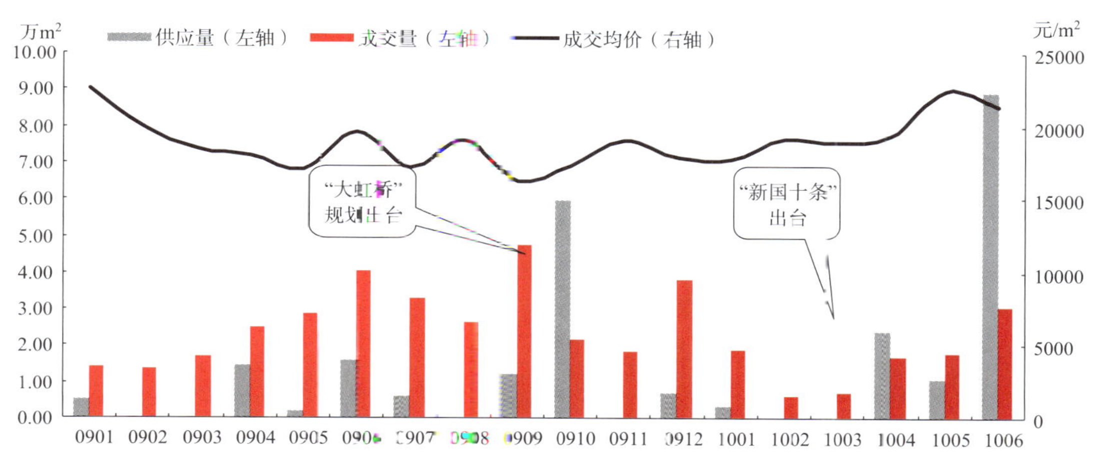

注：典型商办板块包括虹桥枢纽商务中心区、长宁区虹桥涉外中心、临空经济园区、普陀区长风生态商务区、嘉定区江桥商务区、青浦区徐泾商务港、松江区九亭现代服务业聚集区、闵行区七宝生态商务区。

数据来源：上海中原研究咨询部。

11.4 产业布局尚需时日 “大虹桥”商办长期利好

“大虹桥”规划是政府主导下制定的，其建设实施将推动区域的居住、生活、商务、产业、交通等城市活动得到极大的提升。不可否认，这对辐射区域内的房地产是绝对的利好消息，大规划意味着大规模的城市配套建设和区域环境建设，从而促使该板块成为上海浦西楼市新的动力源。

随着交通枢纽的建设及周边商务区定位及规划的日益明晰，预计区域商办供应将在各级政府强势主导之下得到集中释放，与此同时大量人流、物流、信息流的导入也将创造持续的需求，区域商办市场中长期将迎来难得的发展契机。随之而来大量的工作机会和工作人口，也将产生大量的消费需求，对于区域商业配套开发完善构成有效支撑。

在2010年楼市调控政策频出的大背景下，住宅市场陷入多方观望，与此同时商办市场似乎迎来新的发展契机，加之“大虹桥”规划，区域商办前景似乎形势一片大好。然而可以预见的是，未来区域商办市场供应将不可避免的集中放量，只有清晰的产业定位和有效的产业导入政策才能避免商办蛋糕的争夺大战，使区域商办市场避免过热过冷的刺激，得以有序前行。未来“大虹桥”商办市场之利好何时得以兑现，还取决于各个商务区在定位博弈中何时能做到错位竞争，走向共生。

11.4.1 先盘整后提速 商办成熟非一日之功

根据区域战略发展构想，未来“大虹桥”将在交通枢纽促动下实现新兴产业与现有产业的对接融合，全面容纳包括国际贸易业、物流产业、高新科技产业、展览展示业、酒店旅游业、文化娱乐业、购物休闲业、房地产业、奢侈品行业、餐饮业等10大产业在内的现代化城市业集群。

不同于区域住宅价格的快速上涨，“大虹桥”产业的整合与进一步拉高绝非一日之功。相比之下，“大虹桥”地区的国际贸易、高新科技等产业经过长期发展已经具有相当的基础，而且外围如长风生态商务区、江桥商务区、徐泾商务港、九亭现代服务业聚集区、七宝生态商务区正处于快速成长中，与中心产业圈定位吻合、优势互补，联动之势渐入佳境。而背后仍存在产业成长节奏的严重不均衡，如虹桥涉外贸易中心以虹桥开发区为发端，至今已经开发近30年，以国内外大中型贸易类企业为主，目前已经形成了非常明显的产业集群；而江桥（虹桥）商务区2005年奠基，预计2012年全面建成。尽管周边各区在新的产业发展规划中努力追随“大虹桥”的步伐，但后发地区的跨越成长，资源匹配的到位，需要的并不仅仅是时间，短期内盘整储备蓄势自不可少。虽然区域规划高调启动，但实际建设中仍有望走出厚积薄发的线路。反映在楼市中，这决定了区域商办物业价格短期无法追随住宅的步伐。

11.4.2 区域总部经济 成长空间巨大

“大虹桥”商务的发展得益于交通枢纽的投射优势，总部经济模式更贴近其长三角战略流转桥头堡的发展定位。总部经济已成为上海很多区域都在热建热推的一个商业地产类型，“大虹桥”轴心的确立，将加速上海总部经济围绕新的核心重新布局，位于“大虹桥”版图内的部分总部经济商务园更得近水楼台之便利，成为“大虹桥”总部商务的奠基。

图11-8 上海市临空经济园区和长风生态商务区示意图

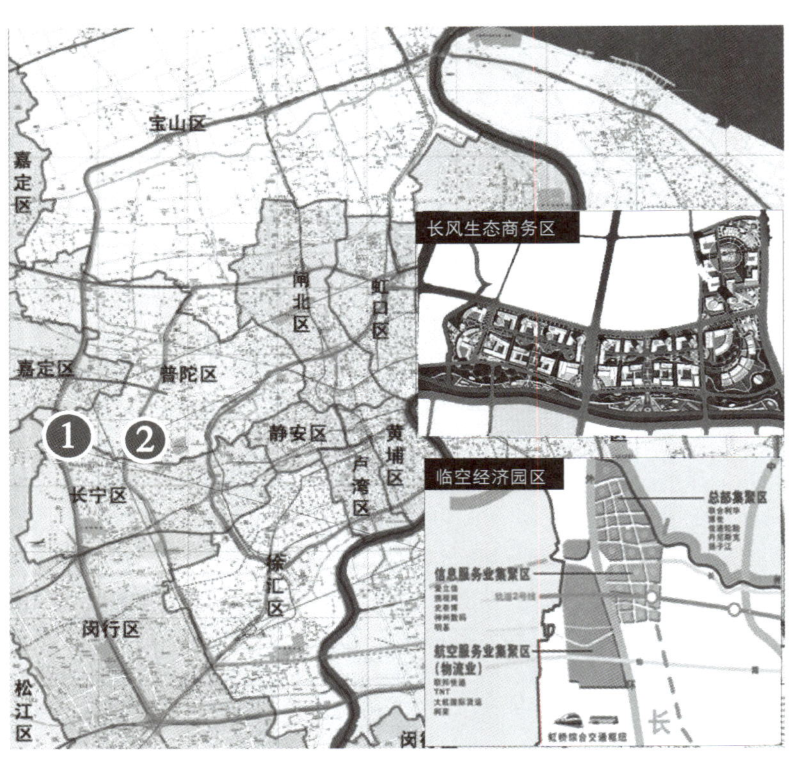

在“大虹桥”区域内，临空经济园区已经重点建设发展十余年之久，是上海打造“区域总部经济”的样板。从虹桥国际机场、虹桥开发区经陆家嘴金融贸易区直至浦东国际机场通过轨道交通快速连接，形成上海现代服务业发展的主轴线之一。临空园区正就处于这个主轴线的西部核心，并已初步形成信息服务、航空服务和现代物流等产业的集聚。邻近的长风商务区在发展推介中着重推出总部经济概念，二者成高度互动之势。

总部经济客群主要集中在布局长三角的国内企业群、入驻中国的跨国公司，均着眼于“大虹桥”与长三角广阔经济腹地的直接对接。在“两个中心”战略的吸引下，未来整个上海总部经济将是长期旺盛的发展局面，而“大虹桥”更是重中之重。

第12章　总部基地　风景这边独好

上海中原研究咨询部　马　冀/王敏磊

总部基地最早起源于美国纽约，中国则起步较晚。2002年5月25日，首个总部基地项目在北京召开的第五届科博会上签约。2003年，在北京南城的丰台科技园区内，总部基地运作公司——北京中关村丰台园道丰科技商务园建设发展有限公司成立，主持总部基地的整体规划、建设、管理和运营。我国第一个总部基地——北京中关村丰台总部基地于2003年6月19日破土动工，截至目前已吸引了约近千家大中型企业的总部入驻。本章将分析上海总部基地的发展、市场现状、及未来趋势，使有意涉足开发或是入驻总部基地的企业对其有一定认知

12.1 总部基地概述

12.1.1 总部基地概念

总部基地，英文名为Advanced Business Park，简称ABP，是地产商根据总部经济包装出来的一种概念，客观上说是总部经济理论的一种实践，体现了合作、服务、低成本（资源整合下体现）、低密度、低容积率、高绿化率等特点。

随着不断的实践，总部基地主要表现为中央商务区和企业总部花园（商务花园）两种形式。目前，我国在城市边缘规划商务花园式总部基地以吸引企业总部集中入驻，以独栋花园别墅为主要建筑形态，这种形式在国外已经发展得较为成熟，而且也正日益成为国内众多企业选择办公环境的首选。

12.1.2 上海总部基地发展现状

上海作为国际金融、航运中心，使越来越多的跨国公司地区总部、投资性公司、研发中心、民营企业在此设立总部，以获得当地人才、资源、资本、技术、信息、知识的聚集效应。

自2004年以来主要经历了两个阶段：第一阶段为2004年～2006年间，该3年成为总部基地的孕育期，3年间总部基地建设迅速，供应体量巨大，依托“十一五”重点行业规划，部分高新技术园区成为总部基地建设的主要载体，如浦江智谷和张江高科技园区。此外还有以现代服务业为产业特征的淮海路总部楼宇区和陆家嘴金融贸易区等。随着2006年6月上海总部经济促进中心发布首张总部基地地图，圈定了16家予以重点扶持的总部基地以后，上海总部基地进入第二阶段即发展期。

2007年，总部基地发展平稳，但是随着2008年金融海啸席卷全球，总部基地发展势头随之趋缓，2009年，各式企业为了缩减办公成本，以抵御金融危机的影响，部分由传统CBD区域迁出，迁入郊区总部商务花园。时间跨入2010年，随着上海经济的高速增长，以及制造、科研、金融、医药等行业的迅速成长，更多的国内实力公司和世界500强企业已陆续进入上海开设地区总部，截至2010年7月，跨国公司地区总部总数达281家，外资研发中心311家。由于这些企业将总部整体搬迁的意愿较为强烈，从而使得总部基地独栋办公楼的需求不断升温，必将促使上海总部基地在2010年后进入一个高速发展阶段。

“十一五”规划中提出，进一步优化调整产业布局，郊区要推进建设若干各具特色的生产性服务业积聚区。因此，浦东、闵行、松江、青浦成为近年总部基地的主要建设区域。

如今，上海总部基地建设以总部花园为主要类型，即以独栋花园式办公楼和高层综合性写字楼为主要业态，能满足各式企业对不同写字楼的入驻需求，并辅以商业、住宅等业态。同时，周边商业配套如健身中心、会议中心、食堂、体育运动场所等一应俱全。下文所述总部基地均特指企业总部花园基地。

图12-1　上海市部分总部基地一览

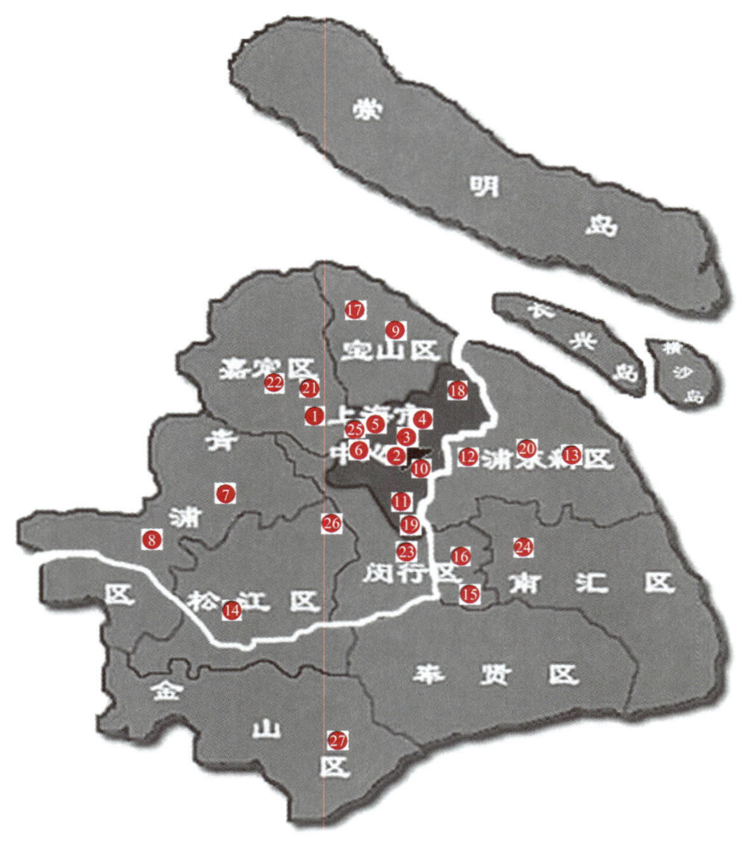

上海市圈定的重点扶持的16家总部基地（2006年）

❶嘉定：西郊生产性服务业集聚区
❷静安：南京西路跨国公司总部楼宇区
❸闸北：东方环球企业中心
❹闸北：市北国际行业协会
❺普陀：中发总部经济园
❻长宁：临空经济园
❼青浦：西郊总部经济园
❽青浦：文体产业园
❾宝山：钢铁总部基地
❿卢湾：淮海路总部楼宇区
⓫徐汇：徐家汇总部楼宇区
⓬浦东：陆家嘴金融贸易区
⓭浦东：民营企业上海总部基地
⓮松江：大业领地－企业总部花园
⓯闵行：紫竹科学园
⓰闵行：浦江智谷

上海市供应及在建的部分总部基地（2006年1月～2010年8月）

⓱宝山：国际研发总部基地
⓲杨浦：创智天地坊
⓳徐汇：漕河泾科技绿洲
⓴浦东：润和国际总部园
㉑嘉定：嘉定国际汽车城
㉒嘉定：胜创企业家园
㉓闵行：上海漕河泾浦江高科技园
㉔南汇：上海总部湾
㉕普陀：长风生态园
㉖松江：上海漕河泾松江高科技园
㉗金山：金山国际贸易城

资料来源：上海中原研究咨询部。

12.2 总部基地市场现状

12.2.1 整体供大于求

2004年～2010年8月期间，上海总部基地上市供应面积共计115.83万m²，成交面积86.65万m²，成交均价为7785元/m²。总体而言，虽然上海总部基地基本呈现供大于求的格局，但成交均价却走出上扬的走势。

供应方面，上海总部基地概念自2004年引入，随之而来的是2005年和2006年的供应高峰，两年合计占过去几年总供应量的46.26%，2006年由上海总部经济促进中心发布首张总部基地地图，圈定了16家予以重点扶持的总部基地，2007年总部基地供应面积有所回落，但仍有接近15万m²的供应量。之后，恰逢2008年金融海啸席卷全球，上海总部基地发展势头有所减缓，供应面积大幅下滑，环比2007年下降了35.65%，只有不到10万m²的上市体量。至2009年底达到供应低谷，但减幅已大幅收窄，仅有2.84个百分点。进入2010年，总部基地供应面积有所反弹，1月～8月供应面积已相当于2007年全年供应量。目前，正在开发的有宝山的上海国际研发总部基地，上市时间为2010年12月。

上海部分总部基地供应列表（2008年1月～2010年8月） 表12-1

总部基地名称	所在区域	上市时间	供应套数	供应面积（m²）
上海国际汽车城大厦	嘉定	2008-7-9	[illegible]	969
盛创企业家园	嘉定	2008-[illegible]-29	208	22021
创智天地坊	杨浦	2009-11-14、2009-10-23、2009-8-31	474	65482
金山国际贸易城	金山	2009-10-14、2010-6-24、2010-5-28 2010-5-11、2010-3-19、2010-1-23、2010-1-9	398	42167
漕河泾现代服务业集聚区	徐汇	2010-2-5	72	103649
上海国际研发总部基地	宝山	2010-12	–	–

数据来源：上海中原研究咨询部。

成交方面，上海总部基地成交活跃期是在2004～2007年之间，2008年金融风暴席卷全球，上海总部基地成交物业也随之骤减，2009年成交面积跌至低谷，仅有不到5万m²的成交量。随着全球经济逐步复苏，2010年1～8月，总部基地成交面积大幅反弹，环比2009年已增加了85.10%，占总体的比重为10.47%。

价格方面，自2004年总部基地概念被引入以来，其价格一路上行。2004年均价仅3533元/m²，处于市场最底部，2005年，成交均价有所上升，环比上升了26.57%，到了2006年，总部基地均价大幅上扬，环比2005年上涨了75.95%，达到7869元/m²，之后2年，成交均价都在8700元/m²左右蓄势盘整，2009年成交均价一举突破了10000元/m²，到2010年，成交均价达到阶段性顶峰，达到14434元/m²；拉高成交均价的项目是杨浦区的"创智天地坊"，成交均价达到18800元/m²，由于其毗邻五角场商圈，均价一直都处于较高的水平。

12.2.2 租金水平与入住率偏低

目前，由于上海总部基地大都地处偏远（主要指总部花园），交通极不便利，其租金水平与传统CBD区域动辄8～10元/（m^2·天）相比，明显较低，总体而言，租金一般在1.5～3.5元/（m^2·天）。其中，“国际商务花园”、“上海润和国际总部园”、“上海多媒体谷”的租金最高为3.5元/（m^2·天），租金为1.5元/（m^2·天）的标杆项目有“上海慧创国际”、“紫竹科学园”，租金最低的总部基地是“上海大业领地”，租金仅为0.7元/（m^2·天）。

从上海总部花园的入住率水平看，普遍维持在50%～70%之间，入驻水平都极为一般。其中，“张江润和总部园”的入住率最高，达到70%，由于其地处张江高科技园区内，地铁张江高科站下后，再有20分钟公交车程到达园区，相对地处更偏远的总部基地，具有一定优势。“上海多媒体谷”和“国际商务花园”地处闸北和长宁，他们的入住率分别达到65%和60%，虽然他们是靠近市区较近的两个总部基地，但是由于其品牌形象不够响亮，也没有形成如张江高科技园区内高密度的产业积聚，因此，入住率都较为一般。而“浦江智谷”、“上海大业领地”虽然都以极低廉的租金吸引企业，但地处都太过偏远，导致企业入驻意愿不强。使他们的入住率基本维持在50%上下。

图12-2　上海市总部基地量价走势图（2004年1月～2010年8月）

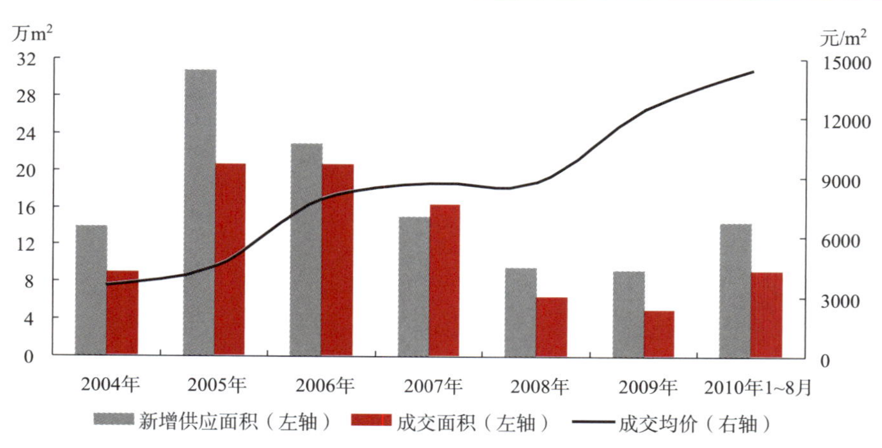

数据来源：上海中原研究咨询部。

上海市总部花园与CBD区域租金与入住率（2010年8月）　表12-2

总部基地名称	租金（元/m^2·天）	入住率	传统CBD区域	租金（元/m^2·天）	入住率
张江润和总部园	3.5	70%	淮海中路商圈	8.8	91%
上海多媒体谷	3.5	65%	南京西路商圈	8.3	89%
临空经济园	3.5	60%	人民广场商圈	7.4	91%
浦江智谷	1.6～1.8	50%	徐家汇商圈	6.9	90%
紫竹科学园	1.5	综合项目，入住率不详	虹桥开发区	6.4	91%
上海大业领地	0.7	50%	小陆家嘴商圈	8.1	90%

数据来源：上海中原研究咨询部。

12.2.3 上海市总部基地客户

◆ 入驻企业性质及规模

以下数据选取浦东“张江高科技园区”、“宝山上海钢领”、“闵行浦江智谷”及“长宁国际商务花园”为样本，以入驻企业数量为统计本量。根据相关网站、数据统计得出入驻上述总部基地企业体量约在950余家左右。从上述总部花园的入驻企业性质来看，外资和国企占比相当，各占总体量的30%左右，私企和合资企业所占比重约为25%和15%左右。国企以入驻“宝山上海钢领”的宝钢、首钢等钢铁企业为主；外企则以生物医药、集成电路、信息技术等行业为代表，如张江药谷中的安利研发中心，软件园内的索尼上海技术中心等。由于受到全球金融危机的影响，对于私营企业和合资企业来说，很大一部分原因是出于压缩办公成本的考虑，而选择入驻总部基地。另外，总部基地有各种优惠政策以鼓励高校毕业生创业，因此，总部基地便成了高校毕业生挖掘人生第一桶金的第一站。

从总部花园入驻企业规模来看，大型企业（1000人以上）大约占总体量的3%左右，中小型企业（中型企业50～1000人、小型企业20～50人）占比极大，合计比重接近90%，微型企业（20人以下）占比为8%左右。中型企业的占比最多，占总体比重的49%，其中大部分企业有不同规模的加工工厂，但无需太多的工人，而这些企业以入驻张江高科技园区内的3大支柱产业为主，如金蝶软件及盛大网络，分别约拥有员工400名和700名。小型企业所占比重仅次于中型企业，占比达到40%，这部分企业有的是一些小型的研发企业，或者是一些创业企业经过几年经营扩张而成，不需要庞大的人员规模。微型企业主要分布如贸易、服装设计等行业，他们中间，有的无需过多的员工，还有的则是创业不久的公司，规模较小。

◆ 支柱产业为主

“十一五”规划以来，支柱行业发展迅速，尤以信息技术、生物医药和集成电路最甚，在总部花园内的所占比重也最重，分别占总体量的53%、22%和10%。在各个总部基地内都有这些行业企业入驻，最具规模集聚效应的则非张

图12-3 上海市总部花园入驻企业性质（2010年）

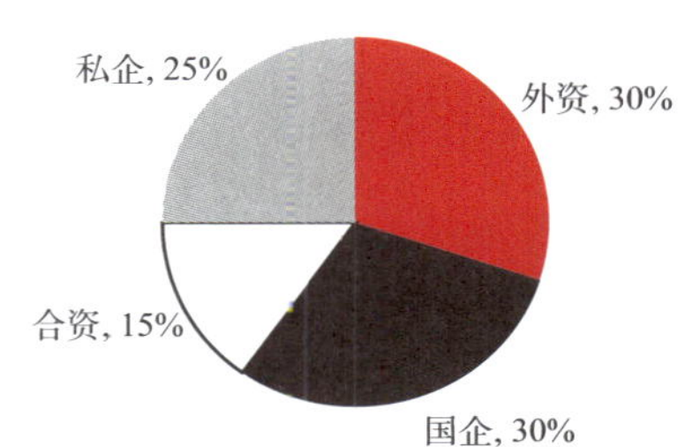

数据来源：上海中原研究咨询部。

图12-4 上海市总部花园入驻企业规模（2010年）

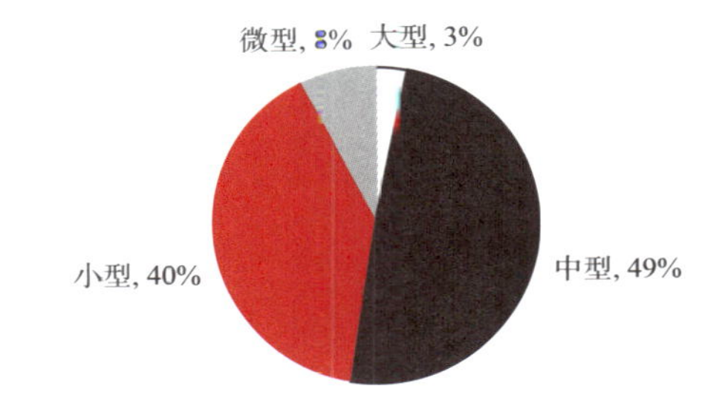

数据来源：上海中原研究咨询部。

图12-5 上海市总部花园入驻企业行业（2010年）

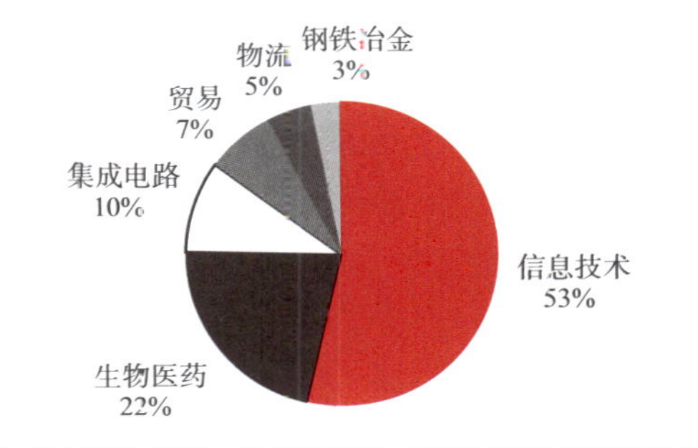

数据来源：上海中原研究咨询部。

江高科技园区莫属。其中有受到国家产业扶持较多的因素，也有张江高科技园区品牌形象极具效应的因素。这三大产业中，信息技术的代表企业有盛大网络、第九城市等，生物医药的标杆企业有和记黄埔医药、罗氏制药等，英飞凌、华虹集团等则是集成电路的代表企业。钢铁冶金企业则主要积聚在宝山钢领总部基地中，包括包钢、首钢等一批国企。此外，随着现代服务业的发展，贸易以及物流企业也必不可少，各个总部花园内都或多或少的有此类企业存在。

12.3 总部基地开发情况

12.3.1 开发企业以民营和国企为主

从总部基地在上海发展至今，该类型市场的开发商中，民营企业和国有企业所占比重不相上下，分别占到总体量的47%左右，而国外开发企业大致占到总体量的5%。

国有企业诸如新长宁集团、嘉宝实业等已成为了总部基地建设的主要力量。作为其中的排头兵，新长宁已成功开发了位于“大虹桥”板块的临空经济园，2008年租赁楼宇已投入使用。而随着国内经济的飞速发展，一批有实力的民营企业相继进入该类市场的开发领域，其中又以江浙一带的民企为主，代表企业有星月集团、鹏欣集团、新希望集团等。作为民营企业在专业领域的领跑者，浙江星月集团俨然已成为上海总部花园建设的中坚力量，从1998年开始该集团在上海开发了两个项目，分别是位于南汇的总部湾和位于松江的大业领地。

另外，国外总部花园发展较为成熟，上海该类型市场的开发企业中也出现了国外资本的身影，上海漕河泾科技绿洲就是由欧洲占领先地位的高科技工业园区开发商——英国阿灵顿公司开发。随着总部基地的迅猛发展，相信未来会有越来越多国外成熟开发企业参与到该领域的建设中来。

从最近该类型的开发商特点来看，联合开发成为了总部花园值得关注的另一开发亮点。其中，“宝山上海钢领”作为标杆项目，是由复地集团、上海钢联投资发展有限公司联合开发的。预计未来这一开发模式将被越来越多的开发企业所采用。

12.3.2 租售并举多元化招商

从上海总部花园的项目策略特点来看，基本上以出售为主、出租为辅。在售项目来看，代表楼盘有“宝山上海钢领”、“上海总部湾”、“上海东方环球企业中心”总部等；以出租为主的项目代表，则有“临空经济园”、“慧创国际”、“紫竹科学园”、“润和国际总部园”等。

与此同时，随着外围实体经济逐步趋紧，如今总部基地的项目策略又更趋向于平衡化发展，采取租售并举的市场策略也成为了近期值得关注的热点，“浦江智谷”和“上海金领之都”就是首当其冲的标杆项目。

总部花园的招商方式呈现出多元化的特点，主要包括举办招商推介会、网络招商、聘请招商顾问、借助中介机构的联络渠道等。

12.3.3 建筑形态的发展趋势

随着上海经济的高速发展，以及制造、科研、金融等行业的迅速成长，更多的国内实力公司和世界500强企业已陆续进入上海开设地区总部。由于其本身将总部整体搬迁的意愿较为强烈，从而使得总部基地独栋办公楼的需求不断升温，从近半年来该市场较佳的销售及租赁的活跃度就是明证。

从建筑形态的发展来看，2006年之前多层的单体综合性办公楼是上海市总部花园的主要形态。而今自2006年以来，外围以数栋综合性多层办公楼排列，内部以独栋花园式写字楼围合的混合型布局，已成为了上海市总部花园的主流趋势。基本上，独栋写字楼面积在1400～2000m^2上下，如“张江润和总部园”就是此中典型代表。另外，随着近年来对于低碳、环保理念的深入人心，在建筑外立面的产品选择以及大楼系统的应用上，都以绿色环保的生态发展作为首选，从浦江智谷这样一个标杆项目上，更能体现未来总部花园持续发展的基调。

12.3.4 总部基地运营风险

目前总部花园发展虽然较为迅速，但存在的运营风险同样值得警觉。

其一，总部花园由于开发周期较长，一般分为多期开发，保守估计开发时间为3～5年不等，如“张江润和国际”总部园，自2006年第一期开发以来，至2010年三期全部建成；有的总部基地由于土地面积较大，规划更全面等因素，开发时间跨度可能更长，以“浦江智谷”为例，总建筑面积为88万m^2，于2005年9月第一幢节能楼开工，一期开发面积20.2万m^2，目前已开发完成13.7万m^2，并已投入运营。如这些开发时间跨度较长的总部基地，若前期销售不能达到一定标准，则会对后续开发产生一定的影响。

其二，总部花园如今还正面临着空置率较高的风险。一方面，由于许多总部基地为了应对部分企业扩张需求预留了一部分空间，如“张江润和国际”总部园，预留了3～5幢独栋办公楼来应对入驻企业扩张。另一方面，总部花园对创业型企业都有优惠政策，也就吸引了一些创业企业入驻，而这些企业的资金实力不雄厚，且部分企业人才流动较快，收入可持续性不强，若资金链难以为继，可能导致基地在某段时期内的空置率上升，这就对开发企业的资金提出了较高的要求。

其三，部分总部花园地处偏远，交通极不便利，如青浦朱家角镇的文体产业园。并且一些总部花园品牌形象还未树立，大众认知度不高，如何树立形象，提高基地入住率是如今总部花园运营应解决的当务之急。

12.4 上海总部基地未来发展趋势

从2006年划定的16家重点扶持的总部基地来看，有12家总部基地处于中环外区域。根据“十一五”规划，郊区要推进若干各具特色的生产性服务业积聚区，近几年的总部基地建设就是根据“十一五”规划来分布，区域分布也以外环外区域为主。

随着“十二五”规划的划定，如青浦、宝山、松江、闵行、奉贤、金山、南汇等郊环外区域将会成为总部基地选址的重要区域。特别是奉贤、金山、南汇、松江等总部基地较少的区域，必会成为总部基地建设发展的重中之重。2010年5月24日“长三角区域规划”的出台，一个以上海为核心、江苏、浙江等城市所构成的长三角区域得到体现，重新的资源整合将使总部基地发展呈现新的契机。将总部研发基地设在上海，以获得更强劲的人才优势，将制造工厂设在长三角的其他城市内，以获得更大量、更低廉的人力资源，这样的总部基地布局，必将成为今后的主要趋势。伴随着虹桥交通枢纽的建设，城际高铁的开通，必将大大缩短长三角城市间的距离。这将极大促进“大虹桥”辐射范围内的总部基地的建设，如青浦、闵行、松江等区将迎来总部基地的建设高峰。而对于地处虹桥交通枢纽内的临空经济园更是极大的利好，将使其获得更多企业的青睐。

总体而言，未来总部基地的建设将继续向城市边缘延伸，靠近江浙等省的上海郊区区域将成为总部基地的建设选址方向。且随着上海西部总部基地的建设，必将与浦东张江高科技园区分庭抗礼，形成良性竞争，并形成统一规划、多点开花、合理分布的崭新格局。相信，未来随着国内经济的高速发展，以及国外经济的渐渐复苏，总部基地也将步入高速发展阶段，随后逐步走向成熟，风景这边独好。

Photo by: Hu wenkit 胡文杰 (www.pdoing.com)

Data
数据

上 海 | SHANGHAI

地产数据

第13章　地产数据

13.1 房地产投资环境

上海市历年房地产市场主要指标表（2009～2010年上半年）　　表13-1

指　标	2009年	2010年上半年
GDP（亿元）	15046.45	—
GDP增长率（%）	8.20	—
固定资产投资额（亿元）	5273.33	2207.69
房地产投资额（亿元）	1464.18	845.28
住宅投资额（亿元）	918.68	518.18
写字楼投资额（亿元）	189.15	105.12
商铺投资额（亿元）	185.10	107.19
商品房施工面积（万m^2）	9961.60	9220.41
住宅施工面积（万m^2）	6550.73	5969.28
写字楼施工面积（万m^2）	958.64	920.31
商铺施工面积（万m^2）	1112.33	1078.08
商品房新开工面积（万m^2）	2490.63	1380.59
住宅新开工面积（万m^2）	1721.02	974.67
写字楼新开工面积（万m^2）	164.93	61.99
商铺新开工面积（万m2）	205.92	138.09
商品房竣工面积（万m^2）	2104.98	686.46
住宅竣工面积（万m^2）	1508.81	492.25
写字楼竣工面积（万m^2）	135.02	43.03
商铺竣工面积（万m^2）	201.05	97.45
商品房销售额（亿元）	4330.22	1465.55
住宅销售额（亿元）	3620.23	1186.13
写字楼销售额（亿元）	438.43	148.51
商铺销售额（亿元）	192.73	92.44
商品房销售面积（万m^2）	3372.45	1009.13
住宅销售面积（万m^2）	2928.04	840.51
写字楼销售面积（万m^2）	203.00	72.80
商铺销售面积（万m^2）	126.49	52.90

数据来源：上海市统计局。

上海市主要房地产政策一览表（2009～2010年）　　表13-2

政策名称	颁布日期	实施日期	发布单位	对房地产市场的影响
明确停贷三套房贷	2010-08	2010-08	上海农行、工行、光大、中信、平安	表明银监会通过差别化信贷政策抑制投机消费的方向不会改变，同时也是银行对房价过高、上涨过快所要承受风险的一种自我保护
《关于购买经济适用住房适用税费贷款政策的通知》	2010-07	2010-07	上海住房保障和房屋管理局等7部门	免收交易手续费、房屋登记费减半收取，减轻申请经适房家庭经济上的压力
《关于加强经济适用住房申请审核、严肃查处隐瞒虚报行为的通知》	2010-06	2010-06	上海住房保障、房屋管理局、上海市民政局	针对申请人虚假证明行为做出处理，保证经适房申请过程中的公平性
《关于规范商业性个人住房贷款中第二套住房认定标准的通知》	2010-05	2010-05	住房城乡建设部	许多刚性需求和改善型需求购房者均纳入了二套房范畴，可能误伤真实的市场需求

续表

政策名称	颁布日期	实施日期	发布单位	对房地产市场的影响
《关于加强土地增值税征管工作的通知》	2010-05	2010-05	国税总局	对开发商的资金链以及利润构成直接影响
《关于土地增值税清算有关问题的通知》	2010-05	2010-05	国税总局	减少囤地利润，加快推盘速度
《关于进一步严格征地拆迁管理工作切实维护群众合法权益的紧急通知》	2010-05	2010-05	国务院	保护群众的合法权益，维护正常的经济秩序，严厉打击犯罪行为，加强征地拆迁管
《关于加强经济适用住房管理有关问题的通知》	2010-04	2010-04	住房城乡建设部	这个政策和商品房市场打击投资投机政策有异曲同工之妙，就是要维护保障性住房的公平，让低收入家庭得到保障
《国务院关于坚决遏制部分城市房价过快上涨的通知》	2010-04	2010-04	国务院	遏制部分城市房价、地价又出现过快上涨势头，打击投机性购房
二套房贷首付比例不低于50%，利率1.1倍；三套以上房可停贷	2010-04	2010-04	国务院	抑制不合理住房需求，房地产按揭贷款只支持住房的资金需求，而不支持倒卖房屋的资金需求
《关于进一步加强房地产市场监管完善商品住房预售制度有关问题的通知》	2010-04	2010-04	住房城乡建设部	加强房地产市场监管，完善商品住房预售制度，整顿和规范房地产市场秩序，维护住房消费者合法权益
《关于首次购买普通住房有关契税政策的通知》	2010-03	2010-03	财政部、国税总局	从制度上堵住了投资上降低购房成本的通道
《关于加强房地产用地供应和监管有关问题的通知》	2010-03	2010-03	国土部	增强土地政策参与房地产市场宏观调控的针对性和灵活性，增加保障性为重点的住房建设用地有效供应，提高土地供应和开发利用率，促进地产市场健康平稳有序运行
《关于改进报国务院批准城市建设用地申报与实施工作的通知》	2010-01	2010-01	国土部	改进用地从申报到实施周期偏长，不少城市土地"批而未征"、"征而未供"等问题，进一步加强管理，提高用地报批效率，促进土地合理利用
《关于促进房地产市场平稳健康发展的通知》	2010-01	2010-01	国务院	遏制部分城市房价上涨过快，促进房地产市场平稳健康发展
个人住房转让营业税征免时限由2年恢复到5年	2009-11	2010-01	国务院	使短线的交易成本更大，从而抑制投机性购房
《关于进一步加强土地出让收支管理的通知》	2009-11	2009-11	五部委	改正地出让收支未全额纳入地方基金预算管理；已收缴的土地出让收入在非税收入汇缴专户滞留时间过长，未按规定及时缴入地方国库；拖欠土地出让收入；越权减免缓缴或变相减免土地出让收入；未按规定编制土地出让收支预算
首套房贷利率与首付挂钩	2009-11	2009-11	建行总行	首套普通住房贷款，首付在40%及以上，则房贷利率为七折；首付在30%～40%，则房贷利率为七五折；首付在25%～30%，则房贷利率为八折；首付在20%～25%，则房贷利率为八五折
《关于进一步加强按揭贷款风险管理的通知》	2009-06	2009-06	银监会	加强信贷管理，切实防范按揭贷款风险，促进按揭贷款业务健康有序发展
《土地增值税清算管理规程》	2009-05	2009-06	国税总局	加强房地产开发企业的土地增值税征收管理，规范土地增值税清算工作，加快市场供应，遏制房价过快上涨
《国土资源部关于切实落实保障性安居工程用地的通知》	2009-05	2009-05	国土部	争取用三年时间解决750万户城市低收入住房困难家庭和240万户林区、垦区、煤矿棚户区居民的住房问题

资料来源：上海中原研究咨询部。

13.2 土地市场

上海市历年土地出让主要指标表（2009～2010年上半年） 表13-3

	土地公告情况			土地成交情况			
	宗数	占地面积（万m^2）	建筑面积（万m^2）	宗数	占地面积（万m^2）	建筑面积（万m^2）	土地出让金额（亿元）
2009年	529	2413	3259	454	1914	2610	995
2010年上半年	171	757	927	197	932	1185	637

数据来源：上海中原研究咨询部。

图13-1 上海市最值得关注的15大地块区位分布图（2009～2010年上半年）

	2009年				2010年上半年		
	地块名称	关注点	关注信息		地块名称	关注点	关注信息
1	徐汇区斜土街道107街坊龙华路1960号地块	总价最高的居住用地	成交总价：72.45亿元	1	青浦区徐泾镇徐盈路东侧B4-01地块	溢价率最高的居住用地	溢价率：430.74%
2	杨浦区新江湾城C6地块	楼面地价最高的居住用地	楼面地价：32489元/m²	2	闸北区苏州河北岸东块1街坊地块	楼面地价最高的居住用地	楼面地价：52783元/m²
3	嘉定区嘉定新城中心区双丁路北、温泉路东地块	溢价率最高的居住用地	溢价率：425.04%	3	青浦区华新镇新府中路西侧地块	占地面积最大的居住用地	占地面积：22.78万m²
4	青浦区赵巷镇特色居住区10号地块	占地面积最大的居住用地	占地面积：21.02万m²	4	嘉定区嘉定新城C8-1、C8-2、C11-1、D10-2、D10-15地块	建筑面积最大的居住用地	建筑面积：33.14万m²
5	普陀区长风6B（B6）、7C地块	建筑面积最大的居住用地	建筑面积：31.26万m²	5	杨浦区新江湾城C4地块	最不可思议的居住用地	溢价率：0% 楼面地价：10003元/m²
6	浦东新区川沙新市镇B03-13A地块	溢价率最高的商办用地	溢价率：427.16%	6	闵行区莘庄镇222号（莘庄地铁上盖）地块	最具争议的居住用地	招标出让后重新挂牌
7	浦东新区黄浦江中心段E18单元1-8地块	总价最高的商办用地	成交总价：30.05亿元	7	黄浦区外滩国际金融服务中心（8-1）地块	总价最高的商办用地	成交总价：92.20亿元
8				8	黄浦区163街坊地块	楼面地价最高的商办用地	楼面地价：51824元/m²

资料来源：上海中原研究咨询部。

上海市最值得关注的7大成交地块（2009年） 表13-4

总价最高的居住用地							
开发商	地块名称及位置	公告号	土地面积（万m²）	用地性质	成交总价（亿元）	楼面地价（元/m²）	溢价率（%）
上海绿地（集团）有限公司	徐汇区斜土街道107街坊龙华路1960号地块	200906401	9.02	居住用地、商办综合用地	72.45	27227	111.47
地块点评	■ 成交信息：2009年6月，绿地集团在以72.45亿元的价格夺得徐汇区斜土街道107街坊龙华路1960号地块，仅在中海夺得长风地王一个月之后，刷新了上海总价地王记录。规划地块用途包括商业办公和居住，折合楼面地价27227元/m²，溢价111.47%。 ■ 地块资源：从地段来看，由于该地块紧临黄浦江，其地理位置具有不可替代性。 ■ 板块市场：同期，徐汇滨江板块在售住宅物业共3例，而真正临江概念的楼盘2例，其中临近黄浦江的个案有尚海湾豪庭，可售约200m²以上的三、四房，其销售价格在50000～55000元/m²，百汇园销售价格为40787元/m²。而二手住宅价格在28000～50000元/m²不等，如盛大花园属于2002年的房子，2009年9月该楼盘均价为32000元/m²。地块周边几乎没有在售的办公项目，唯有一例“创意大院”，租金约为3.5～5元/(m²·天)。周边在售的商业项目，大多为住宅底商，其中“幽澜苑”商业部分总建面积为3600m²，于2005年2月开盘，去化率为65%，目前销售报价为25000～30000元/m²。						

续表

楼面地价最高的居住用地							
开发商	地块名称及位置	公告号	土地面积（万 m^2）	用地性质	成交总价（亿元）	楼面地价（元/ m^2）	溢价率（%）
中国中建地产有限公司	杨浦区新江湾城C6地块	200908801	11.45	居住用地	37.20	32489	116.56
地块点评	■ 成交信息：2009年12月23日，有央企背景的中建地产以37.2亿元的高价拿下新江湾C6地块，折合楼面地价32489元/m^2，溢价率高达117%。如此高的楼面地价将拉升周边房价的上涨，该地块一年后房价或将突破5万元。 ■ 地块规模：C6地块在江湾城板块属于中等规模，从容积率来看是板块内最低的。 ■ 地块资源：地块位于地理位置较好的苏州河现代服务业集聚区，该区域是闸北区“十一五”规划服务经济发展的重要产业功能区，处于苏州河S形的北岸，它几乎囊括了闸北范围内的沿苏州河的整个河岸，占地面积高达46.6hm^2。 ■ 板块市场：就目前在售个案来看，除华润做到品质精致外，其他产品仍尚属普通，而未开发的仁恒地块、九龙仓地块虽有期待，很难达到规模效应，因此整体来看，新江湾城或许是未来的高端居住区，但离豪宅板块仍有距离。不过这并不会影响品牌开发商的拿地热情，随着“星河湾”的热卖，产品力优势一度成为继地段优势后最具竞争力核心的，随着板块内品牌开发商的汇集，未来房企在产品力比拼上将进入灼热化。目前板块在售房源确实比较短缺，一方面2008年尾盘已基本售完，而新盘也是一经推出便立即抢购一空，不过该板块别墅销售一般，橡树湾城复式公寓（别墅）单价3.8万元/m^2，由于总价高，销售速度慢于普通公寓，目前还有房源可售。						

溢价率最高的居住用地							
开发商	地块名称及位置	公告号	土地面积（万 m^2）	用地性质	成交总价（亿元）	楼面地价（元/ m^2）	溢价率（%）
江苏常发地产股份有限公司	嘉定区嘉定新城中心区双丁路北、温泉路东地块	200908507	4.19	居住用地	9.10	12076	425.04
地块点评	■ 成交信息：2009年12月18日，嘉定新城中心区双丁路北、温泉路东地块开拍，江苏常发以9.1亿元夺得，溢价率超过了425%，创下2009年上海住宅用地溢价率之最，楼面地价达到12076万元/m^2。该地块1.2万元/m^2的楼面地价，与目前在售的“新城悠活城”新房售价约1.30万元/m^2相比，仅有1000元/m^2差价。嘉定新城其他住宅价格也在12000～16000元/m^2之间，开发商高价竞得土地的楼板却已经与新房售价接近，高价地未来利润受到考验。 ■ 盈利前景：嘉定区在2009年共成交22幅住宅用地，其中有5幅土地的楼面地价超过万元，分别为江苏常发拿下的上述地块、龙湖拿下的嘉定新城A15-1及B05-1地块（楼面地价1.10万元/m^2）、盘古拿下的嘉定新城A03-8地块（楼面地价1.30万元/m^2）、保利拿下的嘉定新城A04-1、A04-2地块（楼面地价1.10万元/m^2）、新城拿下的宝翔路以西、吾尚塘以南地块（楼面地价1.30万元/m^2）。这些新拍土地未来售价要达到2万元/m^2才能保证利润，但依照目前楼市行情，这一售价充满挑战。						

占地面积最大的居住用地							
开发商	地块名称及位置	公告号	土地面积（万 m^2）	用地性质	成交总价（亿元）	楼面地价（元/ m^2）	溢价率（%）
金地（集团）股份有限公司，深圳市金地建材有限公司	青浦区赵巷镇特色居住区10号地块	200904504	21.02	居住用地	30.48	14499	222.19
地块点评	■ 成交信息：上海2009年最大的居住用地“青浦区赵巷镇特色居住区10号地块”，被金地集团以30.48亿元溢价222%拍得，楼面地价高达1.5万元/m^2，该地块占地面积高达21万公顷，容积率1.0，属类别墅纯住宅用地。 ■ 竞争程度：青浦区赵巷镇10号地块是上海首幅取消“70/90”政策限制地块，加上出让土地面积大，因此受到开发商热捧。地块共吸引87家开发商领取了土地出让申请书，拍卖当天则有金地、招商、保利、万科、龙湖等11家房企参加拍卖会。 ■ 地块资源：地块所处的赵巷特色居住区以别墅为主，是青浦区打造的高尚住宅区域，今后将在这个板块打造超过10个高档的别墅楼盘。因为是整体规划，避免了单一别墅楼盘周边常有的环境杂乱状况。该区域生态环境优势明显，具有独特的交通优势，是上海新兴的城市化地区。开发商们纷纷把目光投向这里，赵巷居住区也因此成为全区房产开发的一个热点。 ■ 盈利前景：2007年11月8日，赵巷特色居住区8号地块被龙湖地产高价买下，成交楼面地价10673元/m^2，打造了龙湖滟澜山别墅项目，该项目第一期247套别墅全部售罄，累计成交均价约17500元/m^2。这意味着，金地在赵巷10号地块上的项目平均售价要在“龙湖滟澜山”目前的高价水平上再涨约三成才有盈利空间。						

续表

建筑面积最大的居住用地

开发商	地块名称及位置	公告号	土地面积（万m^2）	用地性质	成交总价（亿元）	楼面地价（元/m^2）	溢价率（%）
中海发展（上海）有限公司	普陀区长风6B（B6）、7C地块	200905401	14.21	居住用地	70.06	22411	129.10
地块点评	■ 成交信息：2009年9月10日下午，上海普陀长风6B、7C地块成功拍卖。最终中海地产公司以70.06亿夺下了长风地块，折合楼面地价22411元/m^2，溢价率达129%。该地块是今年中心区域罕见的较大规模的居住用地，并以极高总价成交。该地块拍出如此高价主要归结于开发商对房价上涨，特别是豪宅市场乐观的心理预期。"星河湾"就是一个典型案例，其售价虽然比所处板块的价格高出1倍以上，但非常热销。这也为开发商疯狂高价拿地奠定了心理基础。 ■ 地块资源：地块位于长风生态商务区，该区内商办物业已先行开发，在目前板块内无一手住宅供应的情况，该地块还是很具开发前景的。 ■ 盈利前景：中海此次高价拿地已存在风险，中海虽然在上海曾经开发过多个住宅项目，但在产品开发设计方面略显不足，因此未来产品到底方面可能是面临最大的问题，这也是能否卖出高价的关键。目前长风板块二手住宅物业售价在18000～22000元/m^2之间，且楼龄较长；一手住宅物业基本没有，而周边的武宁板块在售个案大部分在28000～35000元/m^2之间，个别案例是"泰欣嘉园"售价在45000元/m^2左右。						

溢价率最高的商办用地

开发商	地块名称及位置	公告号	土地面积（万m^2）	用地性质	成交总价（亿元）	楼面地价（元/m^2）	溢价率（%）
上海浦东新区房地产交易综合服务有限公司	浦东新区川沙新市镇B03-13A地块	200907108	0.15	商办用地	0.495	20625	427.16
地块点评	■ 成交信息："浦东新区川沙新市镇B03-13A"地块的拍卖引起了各方关注。最后该地块的成交价为0.495亿元，溢价高达427.2%，再次刷新上海2009年最高溢价率。 ■ 竞争程度：该地块出让面积仅0.15公顷，但因其较低的总价门槛和迪斯尼概念而备受开发商追捧，在14家企业经过39轮激战之后，最终被上海浦东新区房地产交易综合服务有限公司收入囊中。 ■ 盈利前景：该地块能拍得如此高价，毫无疑问应该归功于迪士尼。对于迪斯尼影响，相比于住宅用地，商业用地拥有更高的开发价值。因为迪斯尼本身就是一个商业综合体，建成之后可以大大拉动餐饮、交通、酒店等各项服务业。保守估计，迪斯尼落户将为上海每年带来至少1000万的旅游人次，由此引发的相关商业效益不言而喻。 ■ 板块市场：从川沙地区目前的现状看，商业配套仍显滞后，迪斯尼所产生的利好辐射对商业地产来说更为明显。绿地东海岸国际广场作为迪斯尼周边第一个高端商业综合体，目前商铺售价25000～40000元/m^2，办公售价18000～20000元/m^2。						

总价最高的商办用地

开发商	地块名称及位置	公告号	土地面积（万m^2）	用地性质	成交总价（亿元）	楼面地价（元/m^2）	溢价率（%）
上海保利建锦房地产有限公司	浦东新区黄浦江中心段E18单元1-8地块	200906001	3.70	商办用地	30.05	33826	55.19
地块点评	■ 成交信息：继金地、华润、中海接连刷新地块总价"地王"的竞拍价后，具有国资背景的保利房地产再度发力，将黄浦江中心段E18单元1-8地块以30亿元巨资收入囊中，折合楼盘价约在3.3万元/m^2，成为2009年商办地块总价地王。 ■ 地块资源：据黄浦江两岸综合规划，浦江东西两岸划分为浦东"E单元"系列和浦西"W单元"系列。其中黄浦江中心段是四大重点规划区域之一，而黄浦江中心段E18单元位于黄浦江东岸，北有小陆家嘴金融贸易区和外滩金融贸易区，南侧是南浦大桥和2010年世博会地址。此次即将出让的1-8地块与黄浦江仅隔着一条绿化带，地理位置十分优越。 ■ 盈利前景：黄浦江中心段曾在2003年首次推出过土地，即E18单元A地块，规划为住宅和少量商业配套用地。当年香港新鸿基地产以31.85亿元拿下该地块，楼面地价达20178元/m^2。据了解，目前该地块已经开工建设豪宅项目，预计2011年开盘，估计其别墅项目单价将超过20万元/m^2。虽然本次1-8地块不是住宅用地，但其商业价值不可小觑。目前，黄浦江中心段E18单元附近的写字楼项目主要有"财富广场"，租金为7元/(m^2·天)。						

资料来源：上海中原研究咨询部。

上海市最值得关注的8大地块（2010年上半年） 表13-5

溢价率最高的居住用地							
开发商	地块名称及位置	公告号	土地面积（万m^2）	用地性质	成交总价（亿元）	楼面地价（元/m^2）	溢价率（%）
上海仁恒杨浦房地产有限公司&Ho Bee Investment LTD	青浦区徐泾镇徐盈路东侧B4-01地块	201000202	13.69	居住用地	38.20	15498	430.74
地块点评	■ 成交信息：2010年2月11日，共12家企业参与了徐泾镇徐盈路东侧B4-01地块的竞买。该地块竞价环节采取“暗标”方式，上海仁恒的报价最高，且比第二高报价要多出近3亿元。最终上海仁恒联手Ho Bee Investment LTD（和美投资）以38.2亿元拿下该地块，折合楼面地价15498元/m^2，溢价率达到431%。该溢价水平超越了2009年最高水平，成为2010年上半年溢价最高的居住用地。 ■ 地块资源：虽然该地块目前周围配套尚未成熟，但上海市在与徐泾镇毗邻的闵行区华漕镇26km^2土地上规划建设超大型综合交通枢纽——虹桥交通枢纽。这项工程使上海市西部近郊逐渐成为了城市一个新的核心，也给徐泾发展带来了难得的契机。徐泾配合虹桥交通枢纽，加快与长宁区融合，建设成为以商业、企业总部办公楼等服务业聚集区、和城市居住区。 ■ 盈利前景：仁恒置地看中并以较高的价格获取此地块，是基于对大虹桥地区未来发展前景的充分看好。目前，徐泾镇公寓类楼盘仅“西郊美德苑”一个项目在售，均价为16920元/m^2。						

楼面地价最高的居住用地							
开发商	地块名称及位置	公告号	土地面积（万m^2）	用地性质	成交总价（亿元）	楼面地价（元/m^2）	溢价率（%）
深圳华侨城房地产有限公司	闸北区苏州河北岸东块1街坊地块	201000201	3.56	商办、文化娱乐、居住用地	70.20	52783	49.36
地块点评	■ 成交信息：被称为“上海有史以来保证金额最高纪录”的闸北区苏州河地块，最终由华侨城集团以70.2亿元竞得，溢价幅度49.4%。折合楼面地价高达52783元/m^2，成为全国单价地王。从出让文件来看，其可建筑面积包含保留优秀历史建筑及可开发两部分，即地块最终可开发建筑面积将低于按照容积率计算的13.30万m^2，也就是说实际的楼面地价还将高于52783元/m^2。出让文件同时还规定签定出让合同15日内必须支付出让价款的50%，以成交价计是35.1亿。 ■ 地块资源：苏河湾被称为老上海最后一块尚未开发的黄金地块，而本次出让的苏湾1号更可称之为皇冠上的明珠。地块位于地理位置较好的苏州河现代服务业集聚区，该区域是闸北区“十一五”规划服务经济发展的重要产业功能区，处于苏州河S形的北岸，它几乎囊括了闸北范围内的沿苏州河的整个河岸，占地面积高达46.6hm^2。 ■ 盈利前景：地块处开发潜力地段，从地价与目前周边的房价比较来看，华侨城地价具有相当的风险。位于苏河湾河畔的嘉里不夜城“卓悦居”，目前售价为35000元/m^2。闸北区苏州河畔二手住宅价格在22000~35000元/m^2不等，如2003年的楼盘永盛苑，小区均价为23000元/m^2。目前苏河湾区块的商业配套较为匮乏，也是全市商住倒挂较为严重的区域，附近写字楼的销售均价为30000元/m^2左右。如集酒店、写字楼多种业态于一体的苏河1号，销售均价维持在30000元/m^2。						

占地面积最大的居住用地							
开发商	地块名称及位置	公告号	土地面积（万m^2）	用地性质	成交总价（亿元）	楼面地价（元/m^2）	溢价率（%）
农工商房地产（集团）股份有限公司，上海大都市资产经营管理有限公司，上海海博股份有限公司	青浦区华新镇新府中路西侧地块	200909106	22.78	商业办公及商业金融业用地、居住用地	18.56	5818	293.32
地块点评	■ 成交信息：海博股份与农工商房地产（集团）公司、上海大都市资产经营管理公司以18.56亿元共同竞得青浦华新镇新府中路西侧地块，折合楼面地价为5818元/m^2，溢价高达293%。该地块位于青浦区华新镇，东至新府路、南至华农路、西至新凤路、北至小商品城，占地面积共22.78万m^2，成为2010年上半年出让面积最大的地块，规划有商办和住宅等用途。 ■ 地块资源：地块位于拥有“大虹桥”概念的上海青浦华新镇，北边紧挨着安亭镇，东边紧临华漕镇，南边紧贴着徐泾镇，西边是白鹤和重固镇，有沪宁高速，嘉金高速，还有正在建设的沪杭高速，交通有74路，古华线（经过交通枢纽），沪赵线等。目前，上海国际西郊农产品交易中心一期开业、上海市保障性住房华新基地、橡果国际一期等重点项目推进有序，已收购储备项目14家，总投资24.4亿元，为华新镇后续经济发展夯实了基础。 ■ 板块市场：虽然华新镇离虹桥交通枢纽只有10公里，但尚未被充分开发。目前华新镇在售新盘较少，只有绿地集团开发的绿地逸湾比较知名，该项目包括公寓和别墅，小区销售均价为13000元/m^2，带动了周边商品房的均价。二手住宅楼盘如凤溪家园，均价约为8500元/m^2。项目周边暂无写字楼物业，商业方面上海国际小商品城店铺售价约为11000元/m^2。						

续表

建筑面积最大的居住用地							
开发商	地块名称及位置	公告号	土地面积（万 m^2）	用地性质	成交总价（亿元）	楼面地价（元/ m^2）	溢价率（%）
上海保利佳房地产开发有限公司	嘉定区嘉定新城C8-1、C8-2、C11-1、D10-2、D10-15地块	200909105	15.15	居住用地、商业办公、文化娱乐用地	7.30	2203	0.27
地块点评	■ 成交信息：2010年1月6日，保利佳以7.3亿万元摘得嘉定新城C8-1、C8-2、C11-1、D10-2、D10-15商用住宅地块，折合楼面地价2203元/m^2，溢价率仅为0.27%。地块总建筑面积33.14万m^2，是2010年上半年出让建筑面积最大的地块。 ■ 竞争程度：该地块起拍楼面地价在2188元/m^2左右，但只有2家房企参与竞拍，而最终只有保利佳1家到达现场竞拍，原因是该地块有诸多限制条件。首先是商业办公要求，目前商业地产还处于低谷，该地块开发价值难以快速升温，同时，政府对该商业地块有硬性的配套要求，要无偿建设一个7亿元的大剧院，无形中增加了开发成本。 ■ 盈利前景：从发展潜力来看，嘉定新城是未来嘉定区的政治、经济、文化中心，是上海郊区城市化发展的主要载体。轨道11号线的通车运营，嘉定新城受关注程度上升到了前所未有的高度，政府斥资89亿元打造新城，吸引闲散资金投入建设也已逾百亿，绿地、华润、保利、龙湖、盘古、中信泰富等大牌开发商纷纷进驻，未来导入50万人口，该地块长远前景看好。 ■ 板块市场：地块周边在售住宅项目均价在12000～15000元/m^2之间，写字楼如“大卫国际大厦”、“嘉鼎国际”等，售价在10000～13000元/m^2之间。商业以综合体“新城悠活域”为例，销售均价约为15000元/m^2。						

最不可思议的居住用地							
开发商	地块名称及位置	公告号	土地面积（万 m^2）	用地性质	成交总价（亿元）	楼面地价（元/ m^2）	溢价率（%）
上海城投置地（集团）有限公司	杨浦区新江湾城C4地块	201001701	10.81	居住用地、商业办公	11.08	10003	0
地块点评	■ 成交信息：2010年5月7日，新江湾城C4地块以11.08亿的底价被上海城投拿下。 ■ 竞争程度：由于设定了“苛刻”条件——拿地公司三个月内必须将注册地迁至杨浦区；竞拍保证金高达5.5亿元，致使外界认为“量身定制”嫌疑过大，仅上海城投、保利2家参与最后竞拍，而保利并未出价。此外，出让文件中提及该地块需建设27000m^2的全装修人才公寓，无偿移交给区政府且产权归区政府，按此折算地块出让成本为16126元/m^2。相较于2009年12月23日由中建以楼面地价32489元/m^2拍下的新江湾城C6地块（2009年居住用地单价地王），此次楼面地价降幅超过50%。据悉，上海城投2005年起规划打造新江湾城生态区国际社区概念，而在新江湾城土地出让中已扮演了代替政府土地储备中心实施出让的角色。 ■ 板块市场：自2005年1月珠江投资以5617元/m^2楼面地价（当时周边在售楼价仅8000元/m^2）拿下C1地块成为该区域首个地王后，新江湾城便成为各房企逐鹿上海土地市场的主要战场，也成为上海地价飙升最快的区域，先后出了6个地王。目前周边普通公寓均价26000～35000元/m^2，别墅规划以2007年11月仁恒拿下的D3地块（楼面地价20000元/m^2）为例，预计售价60000元/m^2以上。						

最具争议的居住用地							
开发商	地块名称及位置	公告号	土地面积（万 m^2）	用地性质	成交总价（亿元）	楼面地价（元/ m^2）	溢价率（%）
上海绿地集团	闵行区莘庄镇222号（莘庄地铁上盖）地块	201001801	11.78	商业、办公、居住综合用地	32.00	6733	23.64
地块点评	■ 竞争程度：莘庄镇222号地块（莘庄地铁上盖）招标工作并不顺畅，2010年4月19日首日投标即遭冷遇，截至当日21时，仍未有一家房企申请投标。开标前，仅有泰国正大集团和香港地产龙头新鸿基集团联手上海城开有限公司、闵行城投有限公司、莘庄镇投资公司组团投标两家竞标企业信息披露。开标时间一拖再拖，竞标内情始终迷雾重重，后间曝出“香港新鸿基已稳操胜券”，直至19时30分，定标会才隐隐传来“绿地中标”的重磅消息。而之前呼声最高的新鸿基、城开等公司的联合体则遭落败。 ■ 出让方式：值得关注的是，该地块交易呈现出三个“首次”，一是首次转变上海延续多年的“价高者得”的出让模式：文件显示，竞买报价仅占到全部评标环节中的30%，而建设规划方案等将成为更加重要的因素。二是首次提及付款新规：土地出让文件规定，该地块在签订出让合同10个工作日内付清地价的50%，剩余出让价款3个月内付清。三是首次实验划拨地块和商业使用权再出让模式。 ■ 招标终止：然而沉寂多月后，一则发布于上海规划和国土资源网上的公示，再度将市场焦点投注于莘庄镇222号地块。按照既定流程，自2010年4月份开标结束之后，该幅地块始终处于所谓“定标”阶段。日前发布的通知却透露，这一地块的招标活动已“终止”。虽然出于种种原因导致地块出让半途而废，但由其他房企再度接手的可能性渺茫。其中呼声最高的，便是当初惜败于绿地集团的新鸿基。						

续表

总价最高的商办用地							
开发商	地块名称及位置	公告号	土地面积（万m^2）	用地性质	成交总价（亿元）	楼面地价（元/m^2）	溢价率（%）
上海证大置业有限公司	黄浦区外滩国际金融服务中心（8-1）地块	200910201	4.55	商办用地	92.20	34148	—
地块点评	■ 成交信息：2010年2月1日，上海证大集团以92.2亿的总价拿下了上海外滩国际金融服务中心（即外滩8-1号地块），折合楼板地价3.4148万元/m^2，创下了全国单幅地块总价地王新纪录。 ■ 出让方式：由于采取了先招后拍的方式，地块底价在开标前才公开，在只有一个市场评估价（90-110亿）的背景下，参与竞标的房企采取了保守出价的策略，两个以底价竞标（中华企业和新黄浦），另两个仅高出底价1～3亿，而在最后的竞拍过程中，证大集团最终仅以2.4%的溢价率拍下，充分反映出目前房企谨慎购地心态。 ■ 盈利前景：溢价率不高其原因主要还是地块总价高，虽然加快两个中心的建设为地块升值保驾护航，但在金融危机还没有完全平息的背景下，商办市场的前景较住宅物业堪忧，尤其是在热议"物业税"风生水起之下，房企如果再贸然开出高价将造致高风险，最典型的案例莫过于环球中心大厦，其定价曾经达到20-25元/(m^2·天)，而如今的成交价格只有10-15元/(m^2·天)左右。商用物业从某种程度上来说比住宅物业的风险更高。当然此次先招后拍的方式也一定程度上是使得地价得以平抑的原因。按92.2亿的地价估算楼面地价在34148元/m^2，而根据目前区域写字楼的租金水平来看，外滩中心租金成交价格在7～8元/(m^2·天)，以此推算投资回报率将达到6-8%左右。						

楼面地价最高的商办用地							
开发商	地块名称及位置	公告号	土地面积（万m^2）	用地性质	成交总价（亿元）	楼面地价（元/m^2）	溢价率（%）
上海新黄浦（集团）有限责任公司，上海新世界股份有限公司	黄浦区163街坊地块	200910801	1.37	商办用地	34.10	51824	—
地块点评	■ 成交信息：备受瞩目的昔日地王黄浦区163街坊地块以34.1亿元被上海新黄浦集团和上海新世界股份有限公司联合夺得，溢价13.2%，折合楼面地价51824元/m^2。该地价比苏宁集团曾经以44.04亿元拿下的价格低22.6%，但无疑已经成为10年上半年单价最高的商办地块。 ■ 地块资源：该地块位于南京路步行街的东端，原址处有亨达利钟表店等，轨道交通10号线设有站点，可以说是近年来上海公开土地市场上位置最好的地块之一。地块规划用途为商业办公金融保险，文件并未对商办提出具体要求，只是要求商业不少20%。相对来说，地段所在位置商业氛围很浓郁，但根据招标文件及黄浦区《南京路东段商业业态规划导则》要求定位为"同外滩地区相适应的、上海标志性高端商业街区"，也就是说该地块商业业态分布将有别于南京东路步行街的大众消费。 ■ 盈利前景：163地块虽然是差异化经营，但毕竟与步行街距离较近，虽然目前南京东路个别商铺的租赁价格已攀升到80元/(m^2·天)，位列上海各商业网点之首，但目前该地区高端商业氛围尚未形成，何时形成还有待时日，这就存在一定风险。而从办公氛围来看，相对南京西路、淮海中路、陆家嘴等地段来说高档办公氛围也稍显不足，一是写字楼未形成群体效应，虽然品质按照高端产品打造，但如果只是零散分布，则风险变数较大。二是地块周边单行道多，车辆出行相对不很方便。至于未来租金，目前地块周边甲级写字楼并不多，报价从5～10元/(m^2·天)不等，未来租金将根据项目的总体品质来定。						

资料来源：上海中原研究咨询部。

13.3 住宅市场

上海市历年商品住宅市场主要指标表（2009～2010年上半年） 表13-6

	商品住宅市场			二手住宅市场	
	批准预售面积（万m²）	预售登记面积（万m²）	销售金额（亿元）	销售面积（万m²）	销售金额（亿元）
2009年	2059.37	2577.47	3245.54	2388.50	3100.50
2010年上半年	676.04	621.55	856.14	537.57	883.54

数据来源：上海市房地产交易中心。

上海市商品住宅供需情况表（2009年） 表13-7

区 域	新增供应		销售情况		
	新增面积（万m²）	销售套数（套）	销售面积（万m²）	成交金额（亿元）	成交均价（元/m²）
全市	2059.28	245440	2699.20	3185.61	11802
中心区	70.86	9433	123.32	383.64	31109
次中心区	990.11	107519	1200.40	1587.29	13223
城市边缘区	998.31	128485	1375.48	1214.68	8830

数据来源：上海市房地产交易中心。

上海市商品住宅批准预售面积季度走势（2009～2010年上半年） 万m² 表13-8

区 域	2009年第一季度	2009年第二季度	2009年第三季度	2009年第四季度	2010年第一季度	2010年第二季度
全市	302.25	546.72	640.94	569.13	290.26	385.59
中心区	7.86	26.25	18.78	17.93	11.33	24.00
次中心区	141.74	250.27	346.25	251.72	74.14	197.20
城市边缘区	152.65	270.20	275.91	299.48	204.79	164.39

数据来源：上海市房地产交易中心。

上海市商品住宅销售量价季度走势（2009～2010年上半年） 表13-9

区 域	2009年第一季度	2009年第二季度	2009年第三季度	2009年第四季度	2010年第一季度	2010年第二季度
成交价格（元/m²）						
全市	9895	11935	13641	13655	13150	14420
中心区	22758	27735	37126	37675	40008	30709
次中心区	11006	14598	15775	17361	16252	16611
城市边缘区	6978	8132	9584	9760	9790	10837
成交面积（万m²）						
全市	430.48	809.75	714.86	702.40	316.10	305.30
中心区	24.83	42.26	33.34	22.84	11.19	20.71
次中心区	214.44	348.08	320.19	276.11	112.05	118.18
城市边缘区	191.21	419.41	361.33	403.45	192.86	166.41

数据来源：上海市房地产交易中心。

上海市二手住宅成交量价季度走势（2009～2010年上半年）　表13-10

区　域	2009年第一季度	2009年第二季度	2009年第三季度	2009年第四季度	2010年第一季度	2010年第二季度
成交价格（元/m^2）						
全市	11176	12253	13009	14564	15761	17147
中心区	21159	23577	26390	28362	28885	32482
次中心区	12184	13435	14756	16171	16988	18652
城市边缘区	6404	7053	7402	8778	9422	10465
成交面积（万m^2）						
全市	130.69	221.70	212.73	230.93	86.40	92.46
中心区	4.63	8.13	7.76	8.78	3.31	3.25
次中心区	95.58	159.67	143.52	158.05	63.92	66.54
城市边缘区	30.59	54.06	61.50	64.11	19.18	22.66

数据来源：上海市房地产交易中心。

图13-2　上海市最值得关注的20大住宅项目区位分布图（2009～2010年上半年）

	2009年				2010年上半年		
	项目名称	关注点	关注信息		项目名称	关注点	关注信息
1	佘山高尔夫	别墅单价最高	成交单价：[illegible]8940元/m²	1	美林别墅	别墅月均价格涨幅最大	月均价格涨幅：7.71%
2	四季雅苑	别墅总金额最高	成交总金额：14.67亿元	2	保利林语溪苑	别墅月均价格跌幅最大	月均价格跌幅：11.5%
3	万源城御溪	别墅月均价格涨幅最大	成交价格涨幅：29.21%	3	绿地布鲁斯小镇	别墅新增面积最大	新增面积：5.53万m²
4	保利叶都	别墅新增面积最大	新增面积：7.23万m²	4	久事西郊名墅	别墅成交面积最大	成交面积：2.94万m²
5	朱家角康桥水乡小城	别墅成交面积最大	成交面积：7.29万m²	5	绿地松江名邸一期蔷薇九里	别墅成交套数最多	成交套数：213套
6	鹏利海景公寓	公寓单价最高	成交单价：110063元/m²	6	汤臣一品	公寓单价最高	成交单价：157958元/m²
7	仁恒河滨城	公寓总金额最高	成交总金额：52.22亿元	7	静安均泰丽轩	浦西内环住宅总金额最高	成交总金额：14.31亿元
8	华润置地橡树湾城	公寓月均价格涨幅最大	月均价格涨幅：16.48%	8	印象春城	公寓新增面积最大、成交面积最大	新增面积：16.43万m² 成交面积：12.29万m²
9	天山怡景苑	中心城区公寓成交套数最多	成交套数：766套	9	江桥万达广场	公寓月均价格涨幅最大	月均价格涨幅：8.16%
10	金地格林风范城	公寓成交面积最大	成交面积：15.36万m²	10	绿地松江名邸二期美好里	公寓月均价格跌幅最大	月均价格跌幅：10.3%

资料来源：上海中原研究咨询部。

上海市最值得关注的10大住宅项目（2009年） 表13-11

佘山高尔夫（2009年度别墅单价最高）	
项目地址	松江佘山国家旅游度假区林荫新路28[illegible]弄
开发商	上海佘山国际高尔夫俱乐部有限公司
占地面积（万m²）	150
建筑面积（万m²）	8.9
最初开盘时间	2008-10-16
开盘均价（元/m²）	90000
总套数/销售套数	20/15
销售面积（万m²）	1.15
销售金额（亿元）	13.71
项目点评	成交客户构成：境外人士、有海外生活背景的国内客户
	户型配比：20套独栋别墅，主力户型面积769~792m²
	规划及配套设计亮点：位于佘山国家旅游区核心区域东北部，距市中心30km，虹桥机场10km，沪杭高速、沪宁高速、沪青平高速出入便捷。意大利托斯卡纳建筑风格，典型森林式别墅区，内建5000m²的会所、占地1700余亩锦标级的18洞72杆的高尔夫球场，为上海唯一的森林丘陵型纯会员制高尔夫球场
	市场反响：整体走势平稳上扬，年底量价波动下滑。2009年11月份之前价格平稳、去化缓慢，11月份量价齐升，成交7套、均价12.[illegible]万元/m²，12月份下滑至3套、均价9.6万元/m²
	竞争性楼盘：上海紫园、世茂山庄、中凯曼荼园、佘山东紫园、上海晶园

续表

四季雅苑（2009年度别墅成交总金额最高）		
项目地址	花木路1983弄90号	
开发商	和记黄埔地产（上海）有限公司	
占地面积（万m^2）	27	
建筑面积（万m^2）	11	
最初开盘时间	2009-09-25	
开盘均价（元/m^2）	联列别墅65000，花园洋房80000～136000	
总套数/销售套数	265/111	
销售面积（万m^2）	2.71	
销售金额（亿元）	21.33	
项目点评	成交客户构成：高端买家，长三角民营企业家占买家总量近七成	
	户型配比：140套独栋别墅主力面积247～309m^2，74套联列别墅单元面积171m^2	
	规划及配套设计亮点：浦东世纪公园板块高级住宅区，小区中央3万m^2的景观公园，周边教育生活配套设施便利	
	市场反响：2009年10月开盘以来交易活跃、价格走势平稳	
	竞争性楼盘：御翠园、九间堂	

万源城御溪（2009年度别墅价格涨幅最大）		
项目地址	平吉路688弄	
开发商	上海万源房地产开发有限公司	
占地面积（万m^2）	7	
建筑面积（万m^2）	10	
最初开盘时间	2008-11-22	
开盘均价（元/m^2）	65000	
总套数/销售套数	64/43	
销售面积（万m^2）	1.68	
销售金额（亿元）	11.25	
项目点评	成交客户构成：外籍人士、海外及港台华人、留洋归沪高端买家	
	户型配比：独栋别墅，主力面积407～418m^2	
	规划及配套设计亮点：位于中外环间，依托万源城整体130万m^2巨擘规划，上海城开统一规划、统一开发的国际生活区；西班牙建筑风格，共11种房型，面积从300～750m^2不等；户户临水，每幢别墅均设独立电梯、下沉庭院，并送约200～500m^2地下室	
	市场反响：2009年3月份开始成交，保持月均4.3套的较快去化幅度，至2009年底，成交均价已由年初的3.1万元/m^2上涨至10.35万元/m^2，月度平均增幅近30%，居2009年别墅价格涨幅首位	
	竞争性楼盘：东苑古龙城	

保利叶都（2009年度别墅新增面积最大）		
项目地址	宝山区菊太路1198弄	
开发商	上海保利建霖房地产有限公司	
占地面积（万m^2）	40.7	
建筑面积（万m^2）	55	
最初开盘时间	2008-11-22	
开盘均价（元/m^2）	别墅20000，公寓10000	
总套数/销售套数	300/283	
销售面积（万m^2）	6.78	
销售金额（亿元）	14.39	
项目点评	成交客户构成：五成为宝山本地客户，三成市区客户；两成外地客户（含新上海人）	
	户型配比：联列别墅主力户型面积223～276m^2，公寓主力面积75～86m^2	
	规划及配套设计亮点：集低密度住宅、高层公寓、会所、学校、社区商业为一体，南向紧邻435万m^2的顾村公园，周边轨道7号线，沪太路和A20，交通便捷	
	市场反响：2009年交易活跃，别墅价格波动幅度较大，公寓价格平稳上行。联列别墅月度成交价格波动区间1.57～2.59万元/m^2；公寓月度均价波动区间1.03～1.51万元/m^2	
	竞争性楼盘：旭辉依云湾小城、东方帕堤欧小城、铂庭	

续表

朱家角康桥水乡小城（东方庭院）（2009年度别墅成交面积最大）	
项目地址	朱家角镇复兴路88弄
开发商	上海珠佳康桥半岛房地产发展有限公司
占地面积（万m^2）	30
建筑面积（万m^2）	23
最初开盘时间	2004-10-11
开盘均价（元/m^2）	12000
总套数/销售套数	762/287
销售面积（万m^2）	7.29
销售金额（亿元）	11.73
项目点评	成交客户构成：企业中高层管理人员，中产阶层买家
	户型配比：一期由28幢双拼、70幢独栋别墅、6幢联排别墅和5幢叠加别墅组成，双拼面积205～222m^2；独栋230～290m^2；联排面积210～217m^2；叠加面积185～215m^2
	规划及配套设计亮点：位于朱家角古镇西南，天然河道纵横，依水系流向自然分布建筑，三面环水，以河道、步行和车行道路连接小区各处，用桥连接两岸临水居所，新江南水镇风貌浓厚
	市场反响：2009年该案独立别墅交易活跃，价格扶摇直上，成交均价由1月份的1.32万元/m^2上升至12月份的2.23万元/m^2，联列别墅相对平稳，均价在1.55万元/m^2上下波动
	竞争性楼盘：中信泰富朱家角新城、绿洲江南园

鹏利海景公寓（2009年度公寓单价最高）	
项目地址	浦东银城中路600弄
开发商	中粮集团
占地面积（万m^2）	2.43
建筑面积（万m^2）	9.8
最初开盘时间	2009-11-28
开盘均价（元/m^2）	98000
总套数/销售套数	67/66
销售面积（万m^2）	2.16
销售金额（亿元）	23.76
项目点评	成交客户构成：上亿身家高端买家，海内外巨贾富豪、江浙民营企业家等
	户型配比：独栋别墅，主力面积107～418m^2
	规划及配套设计亮点：属顶级豪宅，原鹏利辉盛服务式公寓转租为售项目，位于上海陆家嘴核心正滨江，直面浦江，毗邻汤臣一品
	市场反响：2009年11月底一经推出一个月内极速去化，市场反响热烈，成交均价11.03万元/m^2，最高单价13.17万元/m^2
	竞争性楼盘：汤臣一品、世茂滨江花园、财富海景花园

仁恒河滨城（2009年度公寓总金额最高）	
项目地址	浦东丁香路1599弄
开发商	上海仁恒房地产有限公司
占地面积（万m^2）	31.6
建筑面积（万m^2）	72
最初开盘时间	2004-08-11
开盘均价（元/m^2）	11250～13200
总套数/销售套数	6524/902
销售面积（万m^2）	15.3
销售金额（亿元）	52.24
项目点评	成交客户构成：建筑设计、金融证券、文艺、时装各行业的中高层管理人员、企业主等成功人士
	户型配比：两房主力单元面积88～90m^2，三房120m^2，三房及以上160～275m^2
	规划及配套设计亮点：依托浦东联洋社区，南望140公顷的世纪公园，环拥上海科技馆、东方艺术中心、新国际博览中心，是东上海极富活力的新国际生活区，教育设施完善也是其一大亮点
	市场反响：2009年交易活跃，价格逐月攀升，由年初的3.19万元/m^2上升至年底的3.98万元/m^2。
	竞争性楼盘：香梅花园、大唐国际

续表

华润置地橡树湾城（2009年度公寓涨幅最高）	
项目地址	杨浦新江湾城国浩路88号
开发商	坚实置地（上海）有限公司
占地面积（万m^2）	14.42
建筑面积（万m^2）	23.08
最初开盘时间	2008-09-20
开盘均价（元/m^2）	25000
总套数/销售套数	856/319
销售面积（万m^2）	3.4
销售金额（亿元）	10.67
项目点评	成交客户构成：企业家、各类专业人士
	户型配比：小高层11～13层，联体别墅5层，有地下室
	规划及配套设计亮点：项目所处新江湾城是上海市区仅存的一块宜居生态湿地，内有原生态的自然河流以及树林，空气质量尤佳。规划有大型文化中心、大型体育中心和大型滑板公园，以及总建设面积约14万m^2的地区商业中心等。周边名校荟萃，包括复旦、同济等17所高校
	市场反响：2009年交易活跃、价格增幅突出，由年初的1.94万元/m^2攀升至年底的5.47万元/m^2，平均月度价格增幅高达16.48%，居2009年公寓价格涨幅首位
	竞争性楼盘：合生江湾国际公寓、盛世豪园、新江湾佳苑
天山怡景苑（2009年度中心城区公寓成交套数最多）	
项目地址	威宁路507号
开发商	上海长联房产发展有限公司
占地面积（万m^2）	7.53
建筑面积（万m^2）	19.7
最初开盘时间	2008-06-02
开盘均价（元/m^2）	19500～22000
总套数/销售套数	1452/766
销售面积（万m^2）	7.78
销售金额（亿元）	16.01
项目点评	成交客户构成：本地居民占六成，外地购房者以江浙为主
	户型配比：60～190m^2的一房～四房为主，少量140～300m^2的复式房型
	规划及配套设计亮点：位于长宁区天山板块高档住区，与仁恒、天山河畔等高档住区并列于苏州河，紧靠天山、虹桥、古北、中山公园四大商圈，生活配套设施完善
	市场反响：2009年4月新推一批房源，集中于5、6、7月分别成交228、172、70套，市场反响热烈；全年交易价格平稳，月度均价在2.1～2.2万元/m^2之间波动
	竞争性楼盘：天山华庭、天山河畔
金地格林风范城（2009年度公寓成交面积最大）	
项目地址	瑞林路68号
开发商	上海格林风范房地产发展有限公司
占地面积（万m^2）	139.1
建筑面积（万m^2）	150
最初开盘时间	2005-06-08
开盘均价（元/m^2）	11000
总套数/销售套数	4965/1720
销售面积（万m^2）	15.86
销售金额（亿元）	20.84
项目点评	成交客户构成：普陀区居民为主、少部分市区居民
	户型配比：由独栋、叠加、联体别墅、4栋18层公寓和多层公寓组成，公寓以100m^2以下中小户型为主
	规划及配套设计亮点：大型的低密度复合型社区，上百种植物、2万棵树木、4条原生态景观河流及2个约10万m^2的生态公园；会所设施齐全，生活配套也很完善。2008～2009年蝉联两年上海住宅销售面积第一名
	市场反响：交易活跃，价格上行。公寓成交均价由2009年1月份的1.19万元/m^2上升至2009年12月份的1.72万元/m^2；联列别墅由2009年1月份的1.78万元/m^2上升至2009年12月份的3.95万元/m^2
	竞争性楼盘：上隽嘉苑、中冶祥腾城市佳园

资料来源：网上房地产、上海中原研究咨询部。

上海市最值得关注的10大住宅项目（2010年上半年） 表13-12

美林别墅（2010年度上半年别墅价格涨幅最高）

项目地址	环林东路491弄
开发商	上海汤姆房产开发管理有限公司
占地面积（万m^2）	11
建筑面积（万m^2）	3.57
最初开盘时间	2009-08-19
开盘均价（元/m^2）	55000~65000
总套数/销售套数	67/25
销售面积（万m^2）	0.69
销售金额（亿元）	3.59
项目点评	成交客户构成：外籍人士，陆家嘴、人民广场CBD企业管理人员，自住居多
	户型配比：低密度纯独栋别墅，建筑面积232~544m^2，另花园面积360~800m^2，全装修交付
	规划及配套设计亮点：浦东中环以南，杨高南路与三林路交界，近世博板块。以北美建筑风格为主体，整体设计布局以实现纯正绿色概念为本，以数条绿脉、一弯溪涧将区内十一组别墅建筑群落，五个景点串联
	市场反响：去化平稳、价格上行，2010年1月成交16套、均价4.86万元/m^2，4月份成交7套、均价激增5.99万元/m^2，月度平均增幅7.71%，居2010年上半年上海别墅交易价格增幅之首
	竞争性楼盘：金地湾流域静墅、万科金色名郡

保利林语溪苑（2010年度上半年别墅价格跌幅最大）

项目地址	秀沿西路68弄
开发商	上海保利建雍房地产有限公司
占地面积（万m^2）	12
建筑面积（万m^2）	16.8
最初开盘时间	2009-05-22
开盘均价（元/m^2）	25000
总套数/销售套数	127/15
销售面积（万m^2）	0.41
销售金额（亿元）	1.62
项目点评	成交客户构成：陆家嘴金融高端人才，改善置业者
	户型配比：联排别墅、高层住宅，别墅主力户型面积250~280m^2
	规划及配套设计亮点：大浦东区域罕见低密度高档住宅社区，交通区位升值潜力较大，赠送附加空间性价比高
	市场反响：2009年销售火爆、价格一路走高，最高月度成交均价高达3.19万元/m^2；至2010年3月份推出新别墅房源后高涨至4.27万元/m^2，而在随后的4月份价格大幅下滑至3.78万元/m^2，跌幅达11.5%
	竞争性楼盘：东丰林居、康桥半岛首城

绿地布鲁斯小镇（2010年度上半年别墅新增面积最大）

项目地址	浦东惠南镇南团公路与近熏路交汇处
开发商	绿地集团 上海良信置业有限公司
占地面积（万m^2）	8.63
建筑面积（万m^2）	10.79
最初开盘时间	2010-04-21
开盘均价（元/m^2）	20000
总套数/销售套数	620/127
销售面积（万m^2）	1.27
销售金额（亿元）	2.52
项目点评	成交客户构成：大浦东区域中高端人才，首次置业者
	户型配比：联排别墅，主力户型面积89m^2~99m^2
	规划及配套设计亮点：90创新别墅为该案产品一大亮点；项目总体量大，共分三期开发；法式建筑风格，小区内商业街、会所、幼儿园一应俱全
	市场反响：大体量供应助推交易火爆、开盘当月成交98套，价格走势有所下滑，从4月份的2.03万元/m^2下调至6月份的1.68万元/m^2，月度平均降幅达8.45%
	竞争性楼盘：枫丹白露三期、莱茵美墅

久事西郊名墅（2010年度上半年别墅成交面积最大）	
项目地址	青浦区徐泾镇诸光路1188弄
开发商	上海久青房地产开发经营有限公司
占地面积（万m^2）	12
建筑面积（万m^2）	5.8
最初开盘时间	2010-01-26
开盘均价（元/m^2）	21000～40000
总套数/销售套数	149/128
销售面积（万m^2）	2.94
销售金额（亿元）	7.57
项目点评	成交客户构成：中高端置业者、投资客户
	户型配比：独立住宅37幢，建筑面积262～327m^2；双拼住宅11幢22户，建筑面积240～249m^2；四联体住宅15幢60户、六联体住宅5幢30户，建筑面积202～212m^2
	规划及配套设计亮点：老牌成熟别墅区，周边高尔夫俱乐部、教育、商业、超市配套成熟
	市场反响：供应体量大直接推动开盘后连续两月快速去化，独立别墅价格上行，由2010年1月份的2.33万元/m^2上升至5月份的3.8万元/m^2；联列别墅价格小幅下滑，由2010年1月份的2.12万元/m^2下滑至4月份的1.99万元/m^2
	竞争性楼盘：大华西郊别墅、四荷艺墅、湖畔佳苑

绿地松江名邸一期蔷薇九里（2010年度上半年别墅成交套数最多）	
项目地址	松江新城嘉松公路与广富林路交汇处
开发商	上海绿地松江置业有限公司
占地面积（万m^2）	18.65
建筑面积（万m^2）	25.96
最初开盘时间	2009-12-08
开盘均价（元/m^2）	22000
总套数/销售套数	808/213
销售面积（万m^2）	2
销售金额（亿元）	4.85
项目点评	成交客户构成：松江及邻近区域生活工作客群，首次置业者
	户型配比：高层住宅套数占比约35%，主力产品为85m^2、103m^2；联排别墅约占总套数的65%
	规划及配套设计亮点：集原味英式联排别墅、高层、商业街、广场、会所于一体的英伦风格居住区。社区采取了高层与低层住宅分别成区，分别管理
	市场反响：开盘以来持续热销四个月、价格走势上行明显，从2010年1月份的2.26万元/m^2上涨至4月份的2.67万元/m^2
	竞争性楼盘：逸庭苑、英郡别苑、上泰绅苑

汤臣一品（2010年度上半年公寓单价最高）	
项目地址	花园石桥路28弄
开发商	汤臣海景花园（上海浦东新区）有限公司
占地面积（万m^2）	14
建筑面积（万m^2）	2.34
最初开盘时间	2005-10-29
开盘均价（元/m^2）	135000
总套数/销售套数	121/12
销售面积（万m^2）	0.65
销售金额（亿元）	10.28
项目点评	成交客户构成：巅峰世界的杰出人物，位居福布斯全球排行榜的亿万级富豪
	户型配比：大户型，主力面积434m^2、597m^2
	规划及配套设计亮点：由2幢40层、2幢44层组成，除D栋仍未面市外，B栋用于出租，A栋和C栋用于出售。C栋一梯两户，A栋一层一户。大户精装修、建材设备配备、生活功能配备、智能安全配备均属世界品牌级别
	市场反响：2010年上半年成交平稳、市场认可度较2009年得以提升，成交均价保持在15.8万元/m^2
	竞争性楼盘：世茂滨江花园、财富海景花园

续表

静安均泰丽轩（2010年度上半年浦西内环住宅总金额最高）	
项目地址	余姚路566弄
开发商	上海置安房地产发展有限公司
占地面积（万m^2）	2
建筑面积（万m^2）	7.5
最初开盘时间	2010-02-09
开盘均价（元/m^2）	40000
总套数/销售套数	344/288
销售面积（万m^2）	3.69
销售金额（亿元）	14.31
项目点评	成交客户构成：以静安区域本地客户为主，市中心置换类客户
	户型配比：5幢小高层组成，一至五房54～252m^2，精装修，以两房、三房85～128m^2为主
	规划及配套设计亮点：静安区曹家渡板块，到静安寺、曹家渡、中山公园、上海火车站均便捷。外立面铺设花岗岩外墙面砖，辅以言栏外保温材料。项目中心规划有5000m^2的中心花园，景观设计由世界级的澳大利亚五贝国际设计公司主持
	市场反响：集中于2010年2月～4月期间批量成交，价格走势平稳，基本在4万元/m^2上下浮动
	竞争性楼盘：锦安公寓、静安锦邸

印象春城（2010年度上半年公寓新增面积最大、成交面积最大）	
项目地址	年家浜东路129弄
开发商	上海瀛浦置业有限公司
占地面积（万m^2）	34.67
建筑面积（万m^2）	52
最初开盘时间	2010-03-16
开盘均价（元/m^2）	17000
总套数/销售套数	2800/1409
销售面积（万m^2）	12.29
销售金额（亿元）	18.7
项目点评	成交客户构成：浦东及相邻区域工作生活人群、首次置业者、投资客群
	户型配比：公寓主力面积88～90m^2
	规划及配套设计亮点：南汇周康板块，集高层住宅、花园洋房和联排别墅、商业配套于一体的综合性的大型宜居社区，法式印象派风情园林，约5万m^2的香草河天然水景
	市场反响：新增供应大批供应直接推动交易火爆，先后于3月、4月两次推盘当日售罄，两次开盘成交均价由1.43万元/m^2上涨至1.62万元/m^2
	竞争性楼盘：保利林语溪苑、明天华城、海富城市花园

江桥万达广场（2010年度上半年公寓涨幅最高）	
项目地址	鹤友路336弄
开发商	上海嘉定万达投资有限公司
占地面积（万m^2）	6.56
建筑面积（万m^2）	17
最初开盘时间	2010-01-23
开盘均价（元/m^2）	13500
总套数/销售套数	1252/931
销售面积（万m^2）	8.18
销售金额（亿元）	13.3
项目点评	成交客户构成：嘉定及邻近区域如普陀、宝山等，本地客户为主，少部分新上海人
	户型配比：78～89m^2两房两厅约占六成，103～129m^2三房占两成，67m^2一房两厅占一成
	规划及配套设计亮点：地处上海西北嘉定区江桥板块，处于长三角沪宁发展轴上。规划为大型城市综合体，集中了城市公寓、商业广场、SOHO、餐饮酒吧街等多重物业类型
	市场反响：2010年以来交易热情持续不减，助推成交价格逐月攀升，从1月份的1.36万元/m^2上涨至6月份的1.91万元/m^2，月度平均增幅达8.16%，居2010年上半年公寓涨幅之首
	竞争性楼盘：中星海兰苑、天际蓝桥苑

续表

绿地松江名邸二期美好里（2010年度上半年公寓跌幅最大）	
项目地址	广富林路1518弄
开发商	上海绿地松江置业有限公司
占地面积（万m^2）	18.65
建筑面积（万m^2）	25.96
最初开盘时间	2010-04-23
开盘均价（元/m^2）	12750
总套数/销售套数	683/209
销售面积（万m^2）	1.96
销售金额（亿元）	2.57
项目点评	成交客户构成：松江区域本地生活及就业者、首次置业者
	户型配比：主力户型有111～129m^2的三房和90m^2的两房
	规划及配套设计亮点：近轨交9号线的松江大学城站，教育、医疗、购物、度假配套齐全
	市场反响：2010年4月份开盘后成交热度不足，6月份价格下调批量促销明显。具体来看，成交套数由4月份的31套增至6月份的168套；成交均价由4月份的1.58万元/m^2降至6月份的1.25万元/m^2，月度平均价格降幅达10.3%，居2010年度上半年公寓月均跌幅首位
	竞争性楼盘：保利西子湾城、荣御景苑

资料来源：网上房地产、上海中原研究咨询部。

13.4 写字楼商业市场

上海市销售型甲级写字楼市场新增供应一览表（2009～2010年上半年） 表13-13

区　域	项目名称	项目地址	开发商名称	上市时间	建筑面积（万m^2）	销售价格（元/m^2）
打浦桥商圈	绿地浦晖国际中心	龙华东路818号	上海绿地浦晖置业有限公司	2009-08 2010-03	4.05	45000
徐家汇商圈	汇鑫国际大厦	宜山路333号	上海盛汇置业有限公司	2009-06	2.28	31000
陆家嘴商圈	高宝金融大厦	花园石桥路66号	高鹏房地产发展有限公司	2009-05	4.72	55000
南京西路商圈	御华山大厦	华山路328号	上海鼎固房地产开发有限公司	2009-01	2.40	90000
中山公园商圈	中山万博广场	淮海西路666号	上海万博房地产开发有限公司	2010-06	3.68	45000
北外滩商圈	上海港国际客运中心	东大名路558号	上海港国际客运中心开发有限公司	2009-06 2010-04 2009-01	5.46	30000
	嘉杰国际广场	四川北路1717号	上海捷胜置业有限公司	2010-01	0.69	30000

资料来源：上海中原研究咨询部。

上海市租赁型甲级写字楼市场新增供应一览表（2009～2010年上半年） 表13-14

区　域	项目名称	项目地址	开发商名称	上市时间	建筑面积（万m^2）	租赁价格 元/（m^2·月）
陆家嘴商圈	上海国金中心	世纪大道8号	香港新鸿基	2009-07 2010-05	21.34	450～600
	上海保利广场	东方路18号	上海保利	2009-11	4.09	210～240
	太平金融大厦	银城中路488号	中国保险集团	2010-02	1.71	360～450
	高宝金融大厦	花园石桥路66号	高鹏房地产发展有限公司	2009-05	4.72	240～390

资料来源：上海中原研究咨询部。

上海市甲级写字楼租金季度走势（2009～2010年上半年）　元/（m²·月）　表13-15

区　域	2009年 第一季度	2009年 第二季度	2009年 第三季度	2009年 第四季度	2010年 第一季度	2010年 第二季度
小陆家嘴商圈	298.80	277.20	268.90	255.50	246.30	255.40
淮海中路商圈	284.70	274.20	265.30	253.40	246.70	257.20
南京西路商圈	279.60	264.00	255.40	241.20	238.50	244.10
人民广场商圈	234.60	220.50	208.50	204.80	205.20	214.40
徐家汇商圈	214.80	197.10	193.40	189.60	188.50	206.00
虹桥开发区商圈	187.20	186.30	185.00	179.50	178.90	188.20

资料来源：上海中原研究咨询部。

上海市甲级写字楼入住率季度走势（2009～2010年上半年）　%　表13-16

区　域	2009年 第一季度	2009年 第二季度	2009年 第三季度	2009年 第四季度	2010年 第一季度	2010年 第二季度
小陆家嘴商圈	90	90	90	90	89	89
淮海中路商圈	88	88	87	88	88	88
南京西路商圈	86	87	87	87	88	88
人民广场商圈	85	88	88	88	89	89
徐家汇商圈	87	87	86	87	88	89
虹桥开发区商圈	87	89	88	89	89	89

资料来源：上海中原研究咨询部。

上海市租赁型商铺市场新增供应一览（2009～2010年上半年）　表13-17

区　域	项目名称	项目地址	类型	上市时间	建筑面积（万m²）	租赁价格 元/（m²·月）
南汇区	上海两港装饰材料城	宣桥镇南六公路[illegible]75号	店铺	2009-12-01	11.51	10～30
青浦区	上海国际建材家居品牌中心东区E号楼	青浦区重固镇北青公路6388号	店铺	2009-01-14	6.86	50～80
松江区	开元地中海商业广场	松江区方松街道新松江路927弄	商场	2009-12-31	1.58	150～240
松江区	鹿都国际商业广场	松江区松汇中路568号	店铺	2009-08-17	5.78	150～300
松江区	佘山天地休闲广场	松江区佘山镇外青松公路8946号	店铺	2009-03-28	3.20	50～110

注：建筑面积在1万m²以上。
资料来源：上海中原研究咨询部。

上海市销售型商铺市场新增供应一览（2009～2010年上半年）　表13-18

区　域	项目名称	项目地址	类型	上市时间	建筑面积（万m²）	销售价格（元/m²）
宝山区	建配龙综合楼A楼.B楼.裙房楼改扩建	长逸路115号	商场	2009-01-08	3.66	18000
	绿地北郊商业广场	沪太路4339弄4号	商场	2010-04-30	1.65	30000
	星月国际商务广场	淞宝路155弄9号	商场	2010-05-28	1.92	26500
长宁区	御翠豪庭	红宝石路5[illegible]号	商场	2010-05-12	1.32	55000
奉贤区	绿地南桥新苑二期商业综合楼	奉贤区运河北路258、268、272号	商场	2010-02-25	2.53	10000
	绿地望海新都（A区）	奉贤区望园南路1658弄8号	店铺	2010-04-06	1.87	18000

续表

区域	项目名称	项目地址	类型	上市时间	建筑面积（万m^2）	销售价格（元/m^2）
虹口区	宝华城市花园（一期）、宝华城市花园（二期）	株洲路333号	店铺	2010-05-23	1.02	45000
	虹口区82号地块南区商办楼（玫瑰购物广场）	中州路15、19号	商场	2010-04-09	2.80	22000
嘉定区	爱德佳苑	嘉定区爱特路235号	店铺	2010-06-06	1.12	25000
	嘉天下休闲广场	沪宜公路99弄9号	店铺	2010-04-30	3.21	25000
	锦银尚都	真新新村街道曹安公路1901号	店铺	2009-06-13	2.33	25000
	民丰路北侧商业用房	嘉定区民丰路818号	店铺	2010-03-18	1.43	13000
	欧沪国际商业广场	曹安公路2098号	店铺	2009-04-28	1.01	28000
	威隆商务楼	嘉定区曹安公路1688号	商场	2010-06-25	1.39	19000
金山区	隆亭家园	金山区亭林镇金展路2235号	店铺	2010-04-15	2.08	10000
	上海金山国际贸易城小商品城	金山区金山大道4068号	店铺	2009-11-12	1.71	15000
闵行区	春申玫瑰苑综合楼	畹町路399、455、479、493、497号	商场	2009-12-02	2.03	5700
	东苑古龙城二期商品房	古美路979号	店铺	2010-04-16	1.13	18000
	华商时代商业广场北地块	七莘路3599弄5号	店铺	2009-07-01	3.11	35000
	假日景苑	金平路328弄76号	店铺	2010-02-07	2.87	12000
	浦江镇120-L地块商业楼	浦锦路375、377号	店铺	2009-11-18	2.79	35500
	万源城D街坊	万源路928号	商场	2010-02-24	1.62	33000
	西郊九韵城二期商业	繁兴路399弄2号	商场	2010-03-26	3.70	10000
	银丽华公寓	申滨路905弄9号	商场	2009-07-09	1.76	8000
南汇区	德盈佳园	盐大路2737号	店铺	2009-07-18	1.22	6000
	古佳苑	新场镇新环西路9、11、13号	店铺	2009-05-22	1.03	7500
	上海两港装饰材料城	宣桥镇南六公路775号	店铺	2009-12-01	11.51	20000
	上海五角世贸商城	惠南镇川南奉公路5959弄3号	店铺	2009-11-07	4.66	18000
	上海亿联全球家居建材博览中心	航头镇航梅路668号	店铺	2009-12-13	3.39	20000
	上海周浦万达广场	周浦镇沪南路3439弄9号	店铺	2009-09-17	1.26	7500
	石笋坊（1-8号房）	新场镇牌楼东路50、52、56号	店铺	2009-03-21	1.62	9000
	听潮七村1号地块（配套商品房）	惠南镇听悦路707号	店铺	2009-09-23	1.44	13500
	文怡苑	康桥镇秀沿路2597号	店铺	2009-04-28	1.27	12000
	小上海休闲广场	周浦镇关岳西路151弄99号	店铺	2009-09-01	1.52	22000
	粤亮湾景苑2	周浦镇韵浦路267弄8号	店铺	2009-08-06	1.62	38000
	祝和苑	祝桥镇千汇路1120号	店铺	2009-12-06	1.14	10000

续表

区　域	项目名称	项目地址	类型	上市时间	建筑面积（万 m^2）	销售价格（元/m^2）
浦东新区	恒生商业广场	王港路17[illegible]号	商场	2010-04-24	4.53	25000
	世和商务中心	祖冲之路2277弄1号	商场	2009-08-19	2.76	15000
	紫竹国际大厦	海花路1099号	商场	2009-05-9	1.16	65000
普陀区	汇银金融商务中心	云岭东路603、605号	商场	2010-06-17	1.52	26000
	星河世纪城B2块公建	桃浦路348号	商场	2009-10-25	2.91	50000
青浦区	奥世澜运动休闲广场	青浦区朱家角镇康园路399弄9号	店铺	2010-05-09	7.09	12900
	吉盛伟邦绿地国际家具村二期（南区）	青浦区赵巷镇盈港东路4339弄3号	店铺	2010-06-09	2.14	15000
	三友星墅C区超市、商业楼	青浦区华新镇新府中路1816-18[illegible]号	店铺	2010-06-26	2.01	6500
	上海国际建材家居品牌中心东区E号楼	青浦区重固镇北青公路6388号	店铺	2009-01-14	6.86	22000
	泰安公寓二期	青浦区朱家角镇浦泰路368弄1、2号	商场	2009-01-22	1.41	8000
	欣雨佳苑（一期）	青浦区白鹤镇青赵路6565弄26[illegible]号	店铺	2009-01-21	1.52	1998
松江区	安信生活广场	松江区文诚路500弄1号	商场	2009-10-29	2.99	7500
	开元地中海商业广场	松江区方松街道新松江路927弄	商场	2009-12-31	1.58	30000
	鹿都国际商业广场	松江区松汇中路563号	店铺	2009-08-17	5.78	29000
	润江花苑	松江区泗泾镇横港路672号	店铺	2009-04-30	2.14	4500
	上海泗泾五金城	松江区泗泾镇沪松公路2511弄98—99号	店铺	2009-06-23	3.09	12000
	佘山天地休闲广场	松江区佘山镇外青松公路8946号	店铺	2009-03-23	3.20	14500
	泰晤士小镇	松江区三新北路900弄910号	店铺	2010-05-10	2.38	10000
	珠江假日广场	松江区洞泾镇成隆路629弄8号	店铺	2009-09-28	1.48	18000
徐汇区	恒地仓国际大厦	柳州路399号（甲）	商场	2010-06-07	1.56	55000
杨浦区	创智天地坊	淞沪路290号	店铺	2009-10-23	2.18	35000
	中原商都	殷行路752号	商场	2009-01-08	1.06	18000
闸北区	铭德国际广场	西藏北路55[illegible]—588号	商场	2009-09-03	1.40	60000

注：建筑面积在1万 m^2 以上。

数据来源：上海中原研究咨询部。

图13-3 上海市最值得关注的10大写字楼项目区位分布图（2008～2010年上半年）

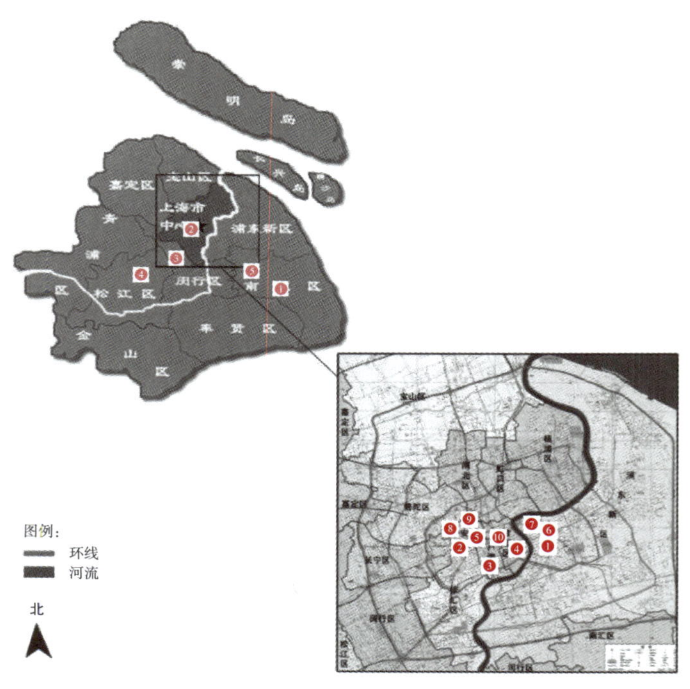

	写字楼				商 业		
	项目名称	关注点	关注信息		项目名称	关注点	关注信息
1	环球金融中心	中国第一高楼	楼高：492m	1	上海两港装饰材料城	2009年供应面积最大的专业市场	供应面积：11.51m^2
2	恒隆广场	2009年入住率升幅最大	入住率升幅：5%	2	洛克双喜国际广场	2009年整体售价最高	整体出售，总价值为6亿元人民币
3	企业天地	2009年入住率最高	入住率：95%	3	华商时代商业广场	2009年单位售价最高	单位售价：30000～80000元/m^2
4	金光外滩中心	2009年租金涨幅最大	租金涨幅度：22.22%	4	鹿都国际商业广场	2010年上半年单位售价最高	单位售价：35000～55000元/m^2
5	中信泰富广场	2010年租金涨幅最大	租金涨幅：17.65%	5	上海五角世贸商城	2010年上半年单位售价最高的专业市场	单位售价：14000～18000元/m^2
6	金茂大厦	2010年租金跌幅最大	租金跌幅：30%				
7	上海国金中心	2010年入住率最高	一期入住率：100%				
8	会德丰国际广场	2010年入住率最低	入住率：40%				
9	越洋广场	2010年入住率升幅最大	入住率升幅：5%				
10	来福士广场	2010年入住率降幅最大	入住率降幅：5%				

资料来源：上海中原研究咨询部。

上海市最值得关注的10大写字楼项目（2008～2010年上半年） 表13-19

环球金融中心（中国第一高楼）	
项目地址	世纪大道100号
开发商	森大厦株式会社
占地面积（万m^2）	1.44
建筑面积（万m^2）	38.16
租金（元/（m^2·月））	450
管理费（元/（m^2·月））	58
入住率（%）	65
项目点评	项目介绍：环球金融中心位于上海陆家嘴核心地段，毗邻世贸大厦。是中国目前第一高楼，世界第三高楼、世界最高的平顶式大楼，楼高492m，地上101层，是以办公为主，集商贸、宾馆、观光、会议等设施于一体的综合型大厦。距地面472m处设计了长度约为55m的观光天阁，这一高度超过世界最高观光厅（高度为447m的加拿大CN电视塔）
	市场特征：超甲级写字楼，租金为450元/（m^2·月），入住率为65%
	客户群：以金融类企业为主，如浦发银行、长生人寿等
	竞争项目：上海国金中心、二一一世纪中心大厦

恒隆广场（2009年入住率涨幅最大）	
项目地址	南京西路1266号
开发商	上海恒邦房地产开发有限公司
占地面积（万m^2）	3.11
建筑面积（万m^2）	一期和二期约20.20
租金（元/（m^2·月））	300～390
管理费（元/（m^2·月））	38
入住率（%）	98
项目点评	项目介绍：恒隆广场位于上海静安区南京西路，高288m，共66层，占地30788m^2，恒隆广场是上海浦西第一高楼，也是上海第5高的摩天大楼。该项目是由美国著名建筑大师Kohn Pedersen Fox负责设计，尤以顶峰巨型灯光为建筑标志，上海浦西最宏伟的建筑物之一。恒隆广场占据上海最繁盛的商业地段。汇聚众多世界顶尖品牌，成为上海乃至全国的时尚高地
	市场特征：甲级写字楼，租金为300～390元/（m^2·月），2009年入住率从90%左右升到95%，目前入住率达到98%
	客户群：吸引了一批外资企业入住，如铁狮门、仲良联行、戴德梁行等
	竞争项目：中信泰富广场

企业天地（2009年实际入住率最高）		
项目地址	湖滨路222号	
开发商	兴邦房地产	
占地面积（万m^2）	1.10	
建筑面积（万m^2）	9.63	
租金（元/（m^2·月））	270～360	
管理费(元/（m^2·月）)	32.54	
入住率(%)	98	
项目点评	项目介绍：企业天地位于规划中的太平桥现代园区，外接上海城市高架主干道，内接淮海中路地铁站，交通出行便捷。办公楼沿湖而筑，形成一道1.2km的湖边建筑，风景清新。项目所属地块紧邻繁华的淮海路商业街，且毗邻著名的上海新天地，商业氛围成熟，是跨国公司乐于选择的办公环境	
	市场特征：甲级写字楼，租金在270～360元/（m^2·月），2009年入住率为95%，今年入住率达到98%	
	客户群：入住客户以外资企业为主，如普华永道等	
	竞争项目：新茂大厦、曙光大厦	

金光外滩中心（2009年租金涨幅最大）		
项目地址	延安东路222号	
开发商	金光集团	
占地面积（万m^2）	2.00	
建筑面积（万m^2）	19.00	
租金（元/（m^2·月））	270～360	
管理费(元/（m^2·月）)	38	
入住率(%)	95	
售价（元/m^2）	—	
项目点评	项目介绍：金光外滩中心总投资约四亿美元，是目前上海外滩城区融商务、居住、餐饮和娱乐等多功能的现代化建筑群。波特曼建筑设计事务所负责设计，由超甲级办公楼、上海威斯汀大饭店和威斯汀公寓组成，总建筑面积约19万m^2，办公楼共有50个楼层，楼高198m，是目前外滩地标性建筑物之一	
	市场特征：超甲级写字楼，租金从2009年初的240～300元/（m^2·月）升到270～360元/（m^2·月），现在入住率为95%	
	客户群：以外资企业为主，如澳洲联邦银行上海代表处、德勤华永会计师事务所等	
	竞争项目：中汇大厦、星腾大厦	

续表

中信泰富广场（2010年租金涨幅最大）	
项目地址	南京西路1168号
开发商	中信泰富广场有限公司
占地面积（万m^2）	1.48
建筑面积（万m^2）	7.12
租金（元/（m^2·月））	300
管理费(元/（m^2·月）)	31.5
入住率(%)	98
项目点评	项目介绍：中信泰富广场位于南京西路，与恒隆广场、梅龙镇广场并称为“梅泰恒”静安金三角。项目由34500m^2的新式商场和71000m^2的高标准写字楼组成。写字楼为国际甲级水平，采用开放式设计，层高2.74m，隐蔽式管道，空间宽敞，无支柱空间对大型写字楼租户极为适合。项目另配有18部高速电梯，全电脑化保安，紧急后备电力保障供应，以及人造卫星信息接受系统，配置综合且品质高端
	市场特征：超甲级写字楼，租金从2010年初255元/（m^2·月）涨到300元/（m^2·月），入住率为98%
	客户群：以外企为主，如美国辉瑞、英国爱达讯上海办事处等
	竞争项目：恒隆广场

金茂大厦（2010年租金跌幅最大）	
项目地址	世纪大道88号
开发商	中国金茂(集团)有限公司
占地面积（万m^2）	2.30
建筑面积（万m^2）	28.74
租金（元/（m^2·月））	240～360
管理费(元/（m^2·月）)	37
入住率(%)	80
项目点评	项目介绍：金茂大厦又称金茂大楼，位于上海浦东新区陆家嘴金融贸易区，楼高420.5m，由著名的美国芝加哥SOM设计事务所的设计师Adrian Smith设计。目前是上海第三高的摩天大楼、中国内地第三高楼、世界第八高楼。地上88层，若再加上尖塔的楼层共有93层，也是上海地标性建筑之一。项目集现代化办公楼、五星级酒店、会展中心、娱乐、商场等设施于一体，有多达130部电梯与555间客房
	市场特征：甲级写字楼，2010年初租金在300-390元/（m^2·月）左右，第3季度租金水平滑落至240～360元/（m^2·月）之间，入住率80%
	客户群：以金融机构和国际律师事务所等为主，如英国博礼祈律师事务所、海尔纽约人寿等
	竞争项目：上海国金中心、二十一世纪中心大厦

续表

上海国金中心（2010年入住率最高）		
项目地址	世纪大道8号	
开发商	香港新鸿基地产发展有限公司	
占地面积（万m^2）	6.44	
建筑面积（万m^2）	汇丰银行大厦约6.02；国金二期约12.23	
租金（元/（m^2·月））	300～360	
管理费(元/（m^2·月）)	40	
入住率(%)	100	
项目点评	项目介绍：上海国际金融中心办公楼双子塔由汇丰银行大厦和国金中心二期组成。两幢分别高260和250m的主座大楼以同一设计贯通，但造型略有变化，形成双子塔式设计效果。两幢大楼平面呈多角形，顶部成斜度，其简约外观形成现代雕塑般的建筑效果。上海国金中心大楼景观开阔，黄浦江、陆家嘴绿地及周边繁华商圈尽收眼底。整个建筑外墙以银灰色玻璃帷幕覆面，主调色彩以白和银灰为主	
	市场特征：超甲级写字楼，租金为300～360元/（m^2·月），项目目前处于满租状态	
	客户群：全球金融、服务机构设立的地区总部为主，如汇丰银行、彭博新闻社、信诚基金等	
	竞争项目：环球金融中心	

会德丰国际广场（2010年入住率最低）		
项目地址	南京西路1717号	
开发商	香港九龙仓集团	
占地面积（万m^2）	1.27	
建筑面积（万m^2）	15.50	
租金（元/（m^2·月））	270～390	
管理费(元/（m^2·月）)	30.5	
入住率(%)	40	
项目点评	项目介绍：会德丰国际广场位于南京西路和华山路交界处，在上海顶级商业中心——南京路商圈占重要位置。总高270m，紧临静安公园，楼内可同时欣赏到浦西和浦东的城市风景。德丰国际广场紧邻轨道交通2号线、7 号线以及延安路高架，交通便捷。办公楼南面的商业裙房设有餐饮配套设施，建成后将与越洋国际广场、嘉里中心二期等共同构筑成静安寺“金五星”地区，成为继“梅泰恒”金三角商务核心区外的又一全新商务聚核区	
	市场特征：超甲级写字楼，租金为270～390元/（m^2·月），入住率仅为40%	
	客户群：自启动预租以来，会德丰广场吸引了较多跨国公司的关注，东芝和资生堂都将入住会德丰广场	
	竞争项目：越洋国际广场、嘉里中心二期	

续表

越洋广场（2010年入住率升幅最大）		
项目地址	南京西路1627号	
开发商	上海越洋房地产开发有限公司	
占地面积（万m^2）	2.10	
建筑面积（万m^2）	10.8	
租金（元/（m^2·月））	285～360	
管理费(元/（m^2·月））	35	
入住率(%)	90	
项目点评	项目介绍：越洋广场位于南京西路常德路口，属于南京西路商圈，是一个集写字楼、酒店和商铺的综合性楼盘。楼盘紧邻地铁2号线静安寺站与延安中路高架，交通便捷。附近的南京西路商业街，休闲会所和静安公园为楼盘营造了较好的商务办公环境。项目由一幢43层的甲级办公楼、5层的主题商场和24层的超五星级精品酒店组成，整个项目总建筑面积近20万m^2。其中最下面5层，约4万m^2作为商场将引入国际一线品牌以及高档休闲、餐饮业。越洋广场整体投资为3亿～3.5亿美元，品质与环球金融中心类似	
	市场特征：甲级写字楼，入住率从年初的85%左右升到90%，租金为285～360元/（m^2·月）	
	客户群：客户以外资企业为主，吸引了诸如投资顾问公司、律师事务所等企业入住。如赛力投资顾问有限公司、斐格律师事务所等	
	竞争项目：会德丰国际大厦	

来福士广场（2010年入住率降幅最大）		
项目地址	西藏中路268号	
开发商	凯德置地	
占地面积（万m^2）	1.52	
建筑面积（万m^2）	16.53	
租金（元/（m^2·月））	270～330	
管理费(元/（m^2·月））	32	
入住率(%)	90	
项目点评	项目介绍：上海来福士广场紧邻人民广场和南京路步行街，且地处浦西的交通枢纽位置，是3条地铁线路的交汇点，交通便捷。项目由凯德置地开发并管理，是一座集8层大型购物中心、51层甲级智能化写字楼为一体的现代商业中心	
	市场特征：甲级写字楼，租金为270～330元/（m^2·月），入住率从年初95%左右降到90%	
	客户群：以外资企业为主，如英国阿特金斯集团、汇丰保险、凯德置地总部等	
	竞争项目：百联世贸广场、华旭国际大厦	

数据来源：上海中原研究咨询部。

上海市最值得关注的5大商业项目（2008～2010年上半年）　　表13-20

鹿都国际商业广场（2010年上半年商业项目单价最高）

项目地址	松江区松汇中路568号
开发商	上海鹿都房地产开发有限公司
占地面积（万m^2）	5.53
建筑面积（万m^2）	7.70
租金（元/（m^2·月））	150～300
售价（元/m^2）	35000～55000
管理费(元/（m^2·月）)	23
入住率(%)	—
开业时间	2010-02
营业面积（万m^2）	7.00
项目点评	鹿都国际商业广场整体占地约83亩，总规划15.4万m^2，其中一期商业总建筑面积约7.7万m^2。项目将成为集大型综合大卖场、时尚百货、各类专卖店、运动城，并配套大型餐饮、量贩式KTV、游艺中心等诸多休闲娱乐服务配套设施为一体的超大规模商业广场。项目采用了国际最流行的集中式布局特点，下沉式广场不仅塑造出独特的景观，同时也起到聚集人流、休息停留的作用。商场内长型的中庭和一条室内步行街，组成一个“十字形”空间框架，增加了空间的通透性，从而使进入商场的客户视觉引导性更强。项目位于松江老城区的中心位置，会受到松江本地居民的高度关注。预计养商期将在3～5年左右，随着轨道交通9号线的开通，会带来稳定的人流。与其竞争的项目有松江商城、一百松江店等

华商时代商业广场（2009年单位售价最高）

项目地址	七莘路3599弄5号
开发商	上海华品房地产开发有限公司
占地面积（万m^2）	6.50
建筑面积（万m^2）	13.00
租金（元/（m^2·月））	—
售价（元/m^2）	30000～80000
管理费(元/（m^2·月）)	11.3
入住率(%)	—
开业时间	2010-02
营业面积（万m^2）	13.00
项目点评	华商时代商业广场坐落于闵行区七宝镇七莘路商业中心的北侧。近年来，七宝地区在区、镇政府的着力推动下，七莘路道路拓宽、沿街城市形象明显改观，现代商业气氛快速建立。尤其是在区、镇两级政府的大力招商引资下，乐购、家乐福、巴黎春天、嘉茂广场、永乐家电等大批商家都已入户该区域，七宝商圈日益显现勃勃生机，商业地产也正持续升温。预计项目养铺期在3～5年左右。另外，轨道交通5、10、13、12号线、磁悬浮线经过该区域，会为项目带来稳定的人流，未来具有较好商业潜力

洛克双喜国际广场（2009年整体售价最高）

项目地址	长宁区宣化路300号南塔
开发商	中华企业
占地面积（万m^2）	0.72
建筑面积（万m^2）	6.84
租金（元/（m^2·月））	未定
售价（元/m^2）	3.10（总体出售，总共6亿）
管理费(元/（m^2·月）)	25
入住率(%)	—
开业时间	—
营业面积（万m^2）	2.00
项目点评	洛克双喜国际广场曾经是烂尾十多年的长宁区地标性项目。项目位于定西路和宣化路交叉口，属于中山公园商圈的核心位置，紧邻中山公园大型绿地，集酒店式公寓、办公、商场、娱乐、餐饮于一体。项目为地下一层，地上28层，目前其内部布局为：1～6层为商场，7～14层为甲级办公楼，每层分隔11间，整层起售，15～28层分南北塔。周围有新宁购物中心、巴黎春天百货、香港新世界百货、锦江商厦、龙之梦购物中心、玫瑰坊商业街等商业设施，商业氛围浓厚。预计养铺期在3～5年左右。2、3、4号线轨道交通交汇，自项目步行5分钟可达中山公园地铁站，交通快捷

续表

上海两港装饰材料城（2009年专业市场供应面积最大的专业市场）	
项目地址	宣桥镇南六公路775号
开发商	上海两港装饰材料城有限公司
占地面积（万m²）	22.00
建筑面积（万m²）	15.00
租金（元/（m²·月））	10～30
售价（元/m²）	9000～20000
管理费(元/（m²·月）)	2
入住率(%)	—
开业时间	2008-08
营业面积（万m²）	14.00
项目点评	上海两港装饰材料城位于南汇宣桥地区，距离惠南镇10分钟车程，距离浦东国际机场9km，距离洋山深水港20km，距离人民广场32km。南汇区专业市场并不多，基本上分布在主干道附近。如上海车市、五角世贸商城、航新地区的专业市场较集中，主要以建材集散、摩托车交易为主。目前周边商业配套，市政配套及产业资源欠缺。该项目为别墅商铺，一层为商铺，二三层可办公可居住。项目已成功开业两年，吸引了TOTO、科勒、日本伊奈等国际品牌入住，经营日渐红火。由于未来规划中的轨道交通11号线、张南线、[illegible]野线等轨交、公交途经此项目，会带来一定人流，商业前景继续向好。与其竞争的项目有浦东恒大建材市场

上海五角世贸商城（2010年上半年单位售价最高的专业市场）	
项目地址	惠南镇川南奉公路5959弄3号
开发商	上海麦格茂置业有限公司
占地面积（万m²）	30.00
建筑面积（万m²）	48.00
租金（元/（m²·月））	—
售价（元/m²）	14000～18000
管理费(元/（m²·月）)	12
入住率(%)	—
开业时间	2010-05
营业面积（万m²）	48.00（2009年推出46584m²）
项目点评	上海五角世贸商城为仿美国国防部五角大楼建筑的临港特大商业城Megamall，项目的主体大楼共设计为5圈五角形环状建筑群，最外圈为五角环状建筑，商城在环与环之间的第三层设置两条别具一格的屋面步行街，并在最内环内侧第三层开辟一条“空中外滩”，可俯瞰中心花园广场的全景。项目紧邻上海浦东国际机场和洋山深水港两大国际航运中心，距规划中R8轻轨仅百米，浦东铁路、沪杭磁浮铁路的建成更使商城唾手可得。预计养商期在3～6年左右。轨道交通11号线南段开通后，将成为该项目周边一条重要的交通干道，会给项目带来稳定客流

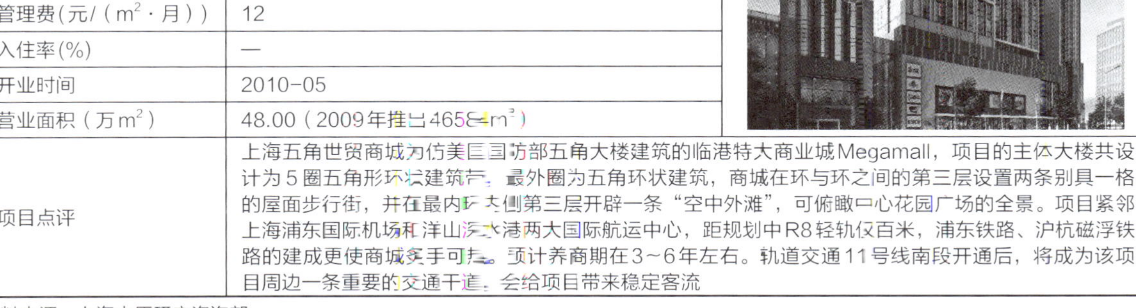

资料来源：上海中原研究咨询部。

Photo by: Hu wenkit 胡文杰 (www.pdoing.com)

Company
公司

上 海 | SHANGHAI

上海中原物业顾问/代理有限公司

上海中原物业顾问/代理有限公司

一、公司简介

中原集团旗下上海中原物业顾问/代理有限公司，成立于1998年，以上海为立足点，服务范围拓展至整个华东地区，以专业精干的地产代理形象向周边城市辐射发展。

上海中原现有员工逾3800人、门店220余家，目前代理项目50余个，2009年佣金收入超过7.2亿。上海中原作为沪上地产代理行业的领头羊，历年来获奖无数，蝉联八届业内权威奖项“金桥奖”、蝉联两届“上海市房地产关注商标（品牌）”，以骄人业绩和出色表现奠定了举足轻重的行业地位。

上海中原重视资讯公开、专业技能，实行一二手联动经营模式。业务上形成营销代理、二手中介住宅部以及工商铺三大支柱，加上总部设立于上海的地产研究中心，服务质量远胜同行。

营销代理以一手项目代理为主业务，凭借强大的研究能力和丰富的操作经验，为客户提供全程地产咨询、营销、代理服务。中介住宅部秉承中原集团“公开资讯、公平交易、不炒楼、不食差价”的经营理念，服务定位中高端客户，致力于为客户提供二手房、豪宅、洋房的买卖、租赁一站式服务。工商铺立足上海，辐射华东地区，为客户提供中高档写字楼、商铺租售代理服务，是众多国内国际知名品牌和跨国企业的租赁代理商。地产研究中心长期对各大城市房地产市场进行监测、咨询、研究，其定期出版的研究刊物及研究报告成为指导楼市投资的风向标。

上海中原立志于创建和谐健康的地产代理行业，推动行业市场的稳步发展，并矢志不渝地为之而努力。

二、组织结构

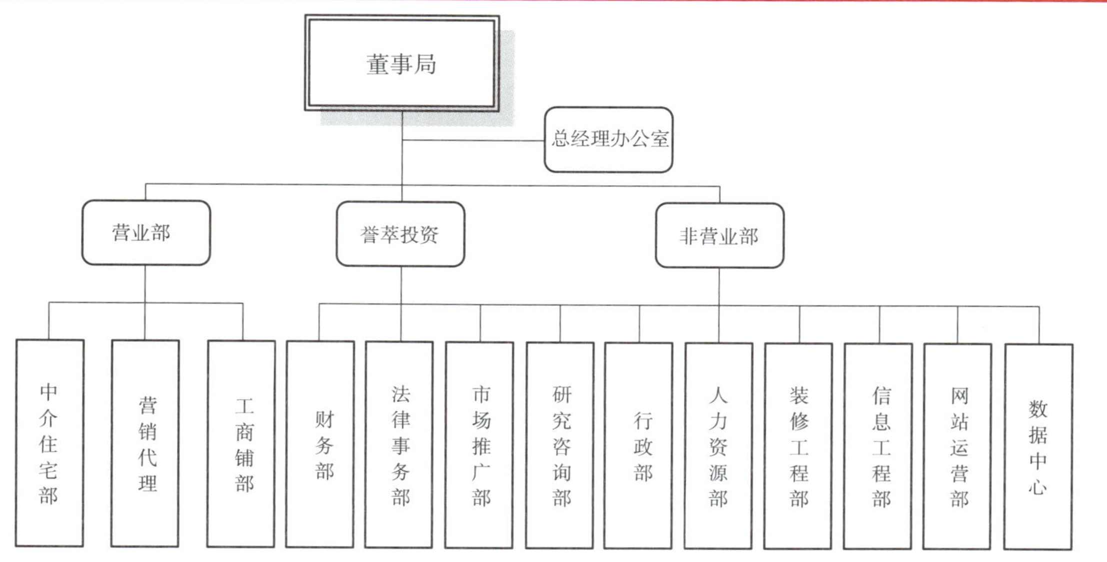

三、主要部门简介

（一）中介住宅部

1. 部门简介：中介住宅部秉承中原“公开资讯、公平交易、不炒楼、不食差价”的优良传统，门店200余家，遍布上海各区、县、城区。在庞大的直营机构网络体系支持下业绩骄人，荣膺第九届“金桥奖”中介第一名。中介住宅部主要服务于中高端客户，提供尊贵独享的一站式服务，下属住宅部、豪宅租赁部、新里洋房部、日韩部、别墅部，更是细分市场，以求为客户提供更人性化的贴身服务；盘源系统全国联网，让员工共享资讯、提高效率，以优异成绩赢得了良好的市场美誉和行业地位。

2. 业务范围：中介住宅部旗下住宅部、豪宅部等各有所长，致力于二手住宅租售、高档豪宅、酒店式公寓、别墅、洋房的租售等业务领域，配套服务更是涵盖法律事务部的专业法律咨询、交易按揭部的产权过户、按揭服务等方面的售后支持，为客户成就投资、置业、居家的梦想。

3. 强大优势提供优质地产服务

■ 专业研究支持：地产研究中心依托遍布全国的分公司网络，长期进行对各大城市房地产市场的监测、咨询、研究，其定期出版的研究刊物及研究报告成为指导业务开展优质教材；

■ 特殊组别细分：豪宅部等特殊组别细分市场，针对特殊客户群体，提供专业、独到的服务；

■ 纯房地产服务：我们致力于为客户提供专业的一站式地产代理服务，公开资讯、公平交易、不炒楼、不食差价，纯服务特色赢得信任。

（二）营销代理

1. 部门简介：上海中原地产营销代理中心，成立于1998年，十年菩提，诚信为本，立足上海，以专业、精干、纯粹的地产服务形象向周边城市辐射发展。凭借资深的研究能力、强大的销售执行力、雄厚的网络客源资源优势与丰富的操盘经验，为客户提供长三角地区战略发展支持及一站式全程地产代理服务。多年来与300多个知名开发商建立良好的合作关系，成功项目遍布长三角及华东地区。现有员工近600人，2009年业绩翻一翻，突破70亿元。初步完成大上海战略部署，确立长三角综合地产服务领域的领导者地位。

2. 业务范围：营销代理本着“综合地产服务商”的理念，在住宅物业、办公物业、商业地产、工业地产、旅游地产、前期咨询研究、商业经营管理等7大业务领域，为客户提供全程咨询、营销、代理服务。服务范围包括前期土地评估、专题市场研究、土地规划研究、产品设计、营销策略、形象推广及项目销售等一系列专业服务。项目管理中心提供项目支援服务，包括建立项目资料库及客户资料库等后勤服务，完善各管理系统。

3. 卓越操盘经验及资源整合优势：营销代理凭借强大的网络平台和客户资源库，整合一、二手联动，独家首创渠道营销，开辟中原地产营销的全新模式。纵横全国20多个城市的跨区域联动，和遍布城市各个角落的中原门店的联动，使中原营销代理具备了其他同行无法企及的新高度。

- 首创上海一、二手房联动模式
- 渠道营销的倡导者和实践者
- 豪宅代理积累近1万名高端客户
- 中高端市场的占有率达15%
- 二、三级市场成交量稳居上海第一
- 上海及长三角10年的本地人脉资源优势和良好的政府关系网络

（三）工商铺部

1. 部门简介：工商铺部凭借精干的资深团队、真诚的服务态度、专业的服务水平，借鉴中原集团工商铺部的成功经验，依托上海中原百余家分行的直营网络和遍布各大城市的共享平台，为客户提供最新、最全面、最权威的办公楼资讯服务，业务范围涵盖上海全市，是众多国内国际知名品牌和跨国企业的租赁代理商。工商铺下设办公楼部、商铺部、客户服务部等部门，以专业、迅速、公平的卓越服务，充分赢得客户信赖。

2. 业务范围：业务主要涉及：中高档写字楼、商铺的租赁和买卖业务，代理香港中原或其他分行转介的上海写字楼、商铺业务，提供项目租赁策划方案，并为客户提供专业的商铺租售咨询及流程协助，以及更系统化、人性化的售后服务，完善成交后续流程。

3. 优质商务地产代理：为客户提供专业的写字楼、商铺、租赁、买卖服务、咨询、策划、推广、代理服务。

4. 三大部门

1）办公楼部：定位于中高档写字楼市场，业务包括：上海市中高档写字楼的租赁和买卖业务；代理香港中原或其他分行转介的上海写字楼业务；提供项目租赁策划方案，及专业的写字楼咨询服务。我司资深物业顾问对写字楼市场及周边环境均有深厚认识与丰富经验，为客户提供包括选址环境分析、租赁购买策略比较、写字楼需求评估、市场调研服务、合同条款谈判、商业推广策划等全面周到的专业服务。

2）商铺部：致力于中高档商铺市场，业务包括：上海市中高档商铺的租赁和买卖业务；代理香港中原或其他分行转介的上海商铺业务；向客户提供专业的商铺租、售咨询及最新的商铺信息；为客户提供商铺租售所必要的文件清单和流程方案；协助客户办理营业执照和相关证照。

3）客户服务部：以“为您，我做到”为服务宗旨，以专业、亲切、优质的服务态度，为客户提供更系统化、人性化的服务，完善租售成交后续流程，为公司建立、维护固定的忠诚客户群体。主要服务内容包括：

- 向客户及时提供最新的房地产信息；

- 为客户提供专业的办公楼租、售咨询；
- 为客户提供成交后的一系列后续服务工作；
- 可代业主收取租金并缴纳税金及物业管理费；
- 受理客户投诉；
- 月刊赠送，包括发E-mail或邮寄方式；
- 代办注册。

（四）誉萃投资

誉萃投资是中原集团旗下分支机构，由广州市汇瀚顾问有限公司全资设立。公司于2010年5月正式成立，业务范围包括上海以外区域联动代销项目的引入、推广和宣传；非主营项目(如海外移民、投资理财、银行其他合作项目)等的引入、推广和宣传；

以及各种贷款引荐服务、房地产买卖交易服务、中原客户售后服务、房地产买卖资金监管服务、房地产买卖档案管理服务、各种金融理财产品推广服务等各项涉及房地产交易及金融相关的服务。

誉萃投资作为上海中原唯一指定交易按揭服务机构，本着远大的发展目标，以“专业服务、从心开始”的服务理念，整合各方资源，为客户提供最优质的服务，实现客户、中介机构、金融机构三者共赢。

四、光荣与梦想（2009～2010年）

2010年　第九届金桥奖房屋中介二十强、营销代理二十强

2010年　市场推广部荣获“迎世博上海市巾帼文明岗”

2010年　中国企业文化十佳单位

2010年　中国企业文化十大贡献人物（谭百强）

2010年　红辣椒志愿者服务队

2009年　中国网络房地产十年金牌合作营销机构

2009年　第八届金桥奖房屋中介二十强、营销代理二十强

2009年　“诚信企业”

2009年　第六届中国房地产网络人气榜最具网络人气房地产经济机构

2009年　成交面积二十强、成交金额二十强

2009年　房地产网络人气榜中介领军人物

五、上海中原年度大事记（2009～2010年）

（一）“无为胜有为、睿智在心中！”——中原集团总裁黎明楷做客《波士堂》

2010年8月20日，由上海中原市场推广部组织的近20位上海中原同事后援团一行人陆续来到“波士堂”的录影棚。有的同事还饿着肚子，有的同事不惜放下手中的繁忙事务特地赶来，只为了一件事，就是一睹黎BOSS的风采，为他加油助阵，其中也包括了上海中原董事总经理谭百强先生、副总经理吕尚伦和多位总监。

纵观黎总裁的职业发展史，更是被主持人冠以“打工皇帝”、“男版杜拉拉”之称号，港大毕业的荣誉学生，早年在英国石油公司工作，后因未能适应国际性大企业之工作环境，表现欠佳而被解雇，然后进入地产中介行业，从基层做起，一干就是20余个年头，凭借非凡的智慧和长远的眼光将中原带入了内地，成为施永青先生的接班人。节目组更是邀请到了当时面试黎明楷总裁的面试官，回忆起当年的面试情形，双方都感慨万千。

现在由黎明楷总裁带领的中原家族正稳步前进，无为而治贯穿始终，黎总也告诉大家中原在经营上还将不断的扩展版图，并且同时开始尝试金融服务业，欲开启一片新天地。

低碳环保的生活方式、无为而治的管理模式，这些都深深地吸引了在场的三位观察员以及现场观众，观察员从不同的角度提出问题，或尖锐或刁钻，或正面或反面，面对观察员的“长枪短炮”，黎总表现的很淡定，回答的镇定自若，有条不紊，有理有据，真真实实的让我们感受到了他的个人魅力——真诚朴实、内心强大、睿智坦荡！

录制节目现场

（二）创新促成长　精英同跨越　2010年上海中原精英交流会隆重开幕

2010年3月12日，一年一度的精英交流大会如期而至，上海中原群英荟萃，共聚一堂，中原地产华东及东北总裁陆成、上海中原董事总经理谭百强、精英会会长中介住宅部副总经理李锦德、副会长非营业部副总经理沈艳、中介住宅部副总经理陈宇珏、吕尚伦、工商铺部总监陶翊、本届精英会组委会成员和全体成员悉数出席，共同参加了此次盛会。

青松城大酒店劲松厅里座无虚席，与会的精英会成员100余人共分为10个小组。活动开始，主持人提出的第一个议题就十分考验众中原精英的创造力，要求各组推举队长，设计队名、口号及队形。一刻钟的时间，各队埋首共商，讨论热烈，显现出众精英的活力和智慧的非同凡响。

经过一天会议，十支精英队伍各有斩获。会议尾声，董事总经理谭百强在发言致辞中，希望与会精英能继承发扬精英会的优良传统，为员工树立榜样，为客户提供更好的服务，为促进行业市场的健康发展。陆总则以香港松下代理经销商的故事，鼓励大家诚信做事，持之以恒，发扬进取精神，以适应房产行业的飞速发展和竞争日趋激烈的市场环境。

上海中原精英交流会集体合影

上海中原与工商银行高管合影

（三）银企双赢　上海中原地产联手工商银行上海分行推出联名芯片卡

联名卡样式

2010年7月9日举行的中原地产灵通芯片卡首发仪式，拉开了工行上海分行与上海中原地产在房产和金融领域全面合作的序幕。上海中原地产和工行上海分行和联合推出“中原地产灵通芯片卡”，力求为客户提供房产交易居间、房地产金融、个人理财等一站式综合服务。

据悉，中原地产灵通芯片卡是国内首张银行与房产经纪机构合作发行的联名芯片卡，不仅具有银行卡储蓄、投资、消费等基本功能，还能启用房款托管功能对交易资金进行监管，确保交易安全。贵宾客户除了能在成功开卡和办理房产交易时获得精美礼品外，持卡人还将在工行网点和上海中原门店享受优先、优质服务以及两家企业合作商户的独享优惠折扣。

目前，上海中原和工行上海分行已经为持卡人制订了一整套完整的服务方案，包括免费房产市场信息、定期投资者论坛和理财沙龙活动、专职客户经理服务等，帮助客户了解掌握房产市场动向和金融产品信息。作为上海中原和工行上海分行的贵宾卡，工行上海分行今后将在持卡人中优先推广“卡贷通”等新产品，并配套专属保险和银行理财产品，满足持卡人各种投、融资需求。

（四）中原“爱心社”情牵世博红轮椅

“一米高度看世博”活动旨在募集一定数量的轮椅，捐赠到上海的3500多个社区居委作为公共设施，供社区内行动不便的人士使用，同时号召现已报名的世博城市文明志愿者建立起一个服务网络，贡献自己的精力和时间，为行动不便人士提供志愿服务，陪他们一起走出家门，共同见证世博会给上海带来的繁荣和发展。

在经历培训、联欢、慰问后，2010年7月18日，延续上海中原爱心社对静安区江宁路街道的一贯合作与支持，爱心社今天再次号召员工参与慈善，奉献爱心，利用自己的周末休息时间，再次参与‘世博红轮椅”活动，帮助江宁街道阳光之家的残障人士参观世博会。

一个简单的行动，一份坚持的爱心，就能帮受助人实现一个行走的梦想，在帮助别人的过程中获得快乐，这就是爱的真谛！爱心无限，中原作为一个企业，参与社区慈善的活动是塑造企业形象的重要方式，爱心社将延续自己的使命，增加中原的社会责任感。

上海中原爱心社携手江宁街道共同参加“一米高度看世博”活动

（五）新型营销方式　短信、邮件成为“香饽饽”

2010年7月，市场推广部联合信息工程部相关同事受虹口区域邀请对所辖区域员工分6场进行“短信营销及短信通平台使用”的培训。短信营销是上海中原今年推出的“营销利器”之一，是顺应市场变化的一种新渠道营销的尝试，在同行中起步较早，具有极为重要的作用。这一新的营销模式消除了以往在跟客户联络中存在的各种不耐烦的因素，将精准的客户数据库与短信传播相结合，将信息准确传达给对应的客户，以新的传播渠道创造广告价值。

据统计，公司新一轮短信营销奖励机制推广后一个月就有6套一手房源的成交，5套二手房源的成交，共计11单，总佣金收入为116.05万元，赢了个开门红。通过网络抽样调查不完全统计，每月平均通过短信成交的单数都超过10单，项目上线运行数月来，一线员工几乎立竿见影地发觉工作变方便了，往常客户没来得及听你说就把电话挂断的现象在渐渐消失，增加的是客户的来电咨询房源量。

电子邮件是企业和现有客户沟通常用的渠道之一，上海中原已在现有的客户电子信息数据基础上进行数据筛选和分类，并在2009年8月7日起向这些客户定向发送《CENTANEWS・中原速递》至今已联系发送5期。

《CENTANEWS・中原速递》是一份面向中原客户及业内人士定向发送的电子通讯类EDM，每周一次，周五发行。内容涵盖地产一周要闻，包含《政策经济》、《申城楼市》、《行业动态》等三大板块，每期推出一篇中原研究分析的市场热点新闻。整个邮件里面还有《楼市调查》和企业营销活动等互动广告链接，以及一手代理项目的广告。

短信、邮件新型营销方式

客户是地产代理的核心，客户就是资源，有效管理、精心经营，这些资源就会变成财富，并不断增值，上海中原无疑深谙此道，抢得先机。

（六）活力精彩 家庭活动日

2010年，上海中原重点打造“家庭日·Family Day”企业文化主题以来，已经组织了众多丰富精彩的家庭、团队活动，获得了广大员工及其家属的认可与一致好评。继采草莓亲子活动、非营业部优秀员工外展活动后，在端午佳节前期，活力精彩家庭活动日系列活动又引发家庭亲子活动热潮，倾情奉献了一场“超级机智豆”的游园会。

本次“超级机智豆亲子游园会”活动于6月14日上午在闵行体育公园现场举行，此次活动的目标意义在于，提倡亲子家庭观念，传播中原企业文化，营造良好的生活氛围，并带给小朋友们一个快乐难忘的节假日。

上海中原亲子活动游园会集体合影

（七）2010年志在中原加油计划

员工的成长与企业的发展休戚相关，学习就是生产力，只有员工的各方面技能得到提升，才能给企业带来蓬勃的生命力。为了完善各阶层员工的培训体系，建立没有围墙的中原学院，2010年人力资源部特推出“志在中原加油计划”，重在加强在职员工提升类培训，并制订“最终实现人均每月3课时，2010年实现管理层人均每月3课时”的培训目标。

近期，各项培训工作陆续开展，“志在中原加油计划”正式拉开序幕，希望在提升员工职业竞争力的同时实现公司的经营目标。

“端午粽飘香，艾叶香满堂”，公司为了鼓励员工在自我职业生涯中所表现出的积极心态和实际行动，特在端午佳节来临之际，推出了首次凭学习积分兑换国定节假日温馨好礼的活动。

为丰富员工课程体系，人力资源部推出了名师大讲堂，提供国内一流专家名师的经典授课视频，内容涵盖销售类、管理类、自我提升类等近1000门课程。为了提升全体员工的综合素质修养，全方位增强业务能力，人力资源部还根据员工的培训需求，精心制作了丰富多彩的选修课程供员工自主选择参加。

如今，竞争力的来源就是是否拥有学习力，在激烈的市场环境下，如果每一个中原人都迫切要求进步，努力学习新知识，未来的成功，一定属于每一个人！

培训合影

（八）行业巨头再领风潮　上海中原门店率先突破200家

上海中原坐稳头把交椅，直营门店率先突破200家。4月16日，沪上地产代理龙头中原地产宣布旗下20家门店同开，成为行业内首家直营门店突破200家的企业，牢牢坐稳头把交椅。近期上海二手房市场迎来了“楼市小阳春”，3月成交套达到16809套，刚性自住需求体现出了其支撑力量并渐显蓬勃之势。上海中原研究咨询部在一二手房展会上进行的消费者问卷调查结果显示，刚性的自住需求比重为74.19%，借此东风中原地产乘势而上，此番新开门店主要集中于闸北、闵行、嘉定、青浦、浦东川沙等传统自住氛围浓郁的区域。

据了解，今年一季度至今上海中原已经先后开出35家分行，预计年底门店数将达到300家。目前，二手中介业务占到上海中原总营收的8成左右，3月份成交二手房买卖业务1600笔左右，整体市场占有率达到10%，而从“成交金额”这一参数来看市场占比达到13%，在创下历史新高的同时也遥遥领先于同行。

此外，门店的扩张也为一二手联动模式的深入发展打下了更坚实的基础。中原地产是国内首家高举一二手联动“渠道营销”大旗的代理企业，去年上海中原先后与万科、金地、华润、瑞安、嘉里、等品牌开发商保持紧密合作，一二手联动项目达20余个，遍布全市各个区域及长三角地区。

200店庆高管集体合影

（九）第九届金桥奖：中原顾问高居榜首　代理首度跻身前五

2010年4月20日，50余家上海市房地产经纪行业协会会员单位齐聚青松城，共同参与第九届“金桥奖”颁奖颁奖典礼。会议由上海市房地产经纪行业协会副会长、秘书长方晨主持，副会长董佳懋宣布了最终的获奖名单。

中原顾问公司以绝对的实力，毋庸置疑的高居金桥奖榜单“房屋中介二十强”榜首，值得骄傲的是，在强手如林的“营销代理二十强”竞争中，中原顾问有限公司凭借卓越的表现，跻身前五行列。上海中原再次以中介、代理双奖展示了大品牌的实力。

1998～2009年，上海中原始终以专业的形象和雄厚的实力，赢得业界和广大消费者的支持。作为沪上中介行业毋庸置疑的领头羊，上海中原始终以专业的形象和雄厚的实力，赢得业界和广大消费者的支持。面对险峻难断的未来市场，上海中原有信心、有实力、有能力继续引领同行，为创建和谐健康的地产中介、代理行业，推动行业的稳步发展而不断努力。

第九届金桥奖的奖杯、奖状和奖牌

代理人笋盘Blog推广广告

（十）新体验心服务—中原外网代理人笋盘Blog全新登场

2010年1月21日，中原外网代理人笋盘Blog全新上线，开始了新一轮的网络推广，日均客户访问已经突破5万IP地址/天，比原来翻了近7倍。新的体验还需要心的服务。优质房源、专业头像，你都准备好了吗？赶快行动吧！本次更新功能包括：

1. 调整布局样式 视觉美化：在网上找楼主页、分区人气代理页面、房源详情页面，进行了版面布局调整、文字链接颜色美化、字体样式、优化图标等，更贴近客户习惯；

2. 强化搜索功能 操作简化

■ 新版页面在搜索操作方面简单化，“基本搜索”全部改为标签搜索，客户搜索操作更加简单精确；

■ 在“个人笋盘Blog”主页、所有的个人房源按照板块、小区、售价、租金、面积分类，每一类别清楚标注房源数量；

■ “分区人气代理板块”新增“全部”区域，显示全部区域人气代理，给客户更多选择。

3. 提升用户体验 沟通强化：任何时候用户看到心仪的房源，除了选择经纪人，分行电话等沟通方式，还可以当即在线预约看房，中原经纪人会第一时间为您服务。